CARONA

O amor não é apenas uma palavra

Editora Appris Ltda.
1.ª Edição - Copyright© 2023 do autor

Catalogação na Fonte
Elaborado por: Josefina A. S. Guedes
Bibliotecária CRB 9/870

	Andrade, Guibarra Loureiro de
A553c 2023	Carona : o amor não é apenas uma palavra / Guibarra Loureiro De Andrade . – 1. ed. – Curitiba : Appris, 2023. 187 p. ; 23 cm.
	Inclui bibliografia. ISBN 978-65-250-4815-4
	1. Literatura brasileira – Romance. 2. Destino e fatalismo. 3. Amor. I. Título.
	CDD – B869.3

Appris editora

Editora e Livraria Appris Ltda.
Av. Manoel Ribas, 2265 – Mercês
Curitiba/PR – CEP: 80810-002
Tel. (41) 3156 - 4731
www.editoraappris.com.br

Printed in Brazil
Impresso no Brasil

Guibarra Loureiro de Andrade

CARONA

O amor não é apenas uma palavra

DEDICATÓRIA

Dedico este humilde trabalho às cinco mulheres de minha vida: minha mãe, Alice Loureiro de Andrade *(in memoriam),* mulher de garra e perseverança com grande senso de justiça que foi minha musa inspiradora; minha esposa Maria Aparecida de Andrade, *(in memoriam),* companheira de muitos anos, que me impulsionou como uma alavanca motora nos difíceis caminhos da vida e, finalmente, às minhas três filhas, Simone, Nayara e Kletyane, pessoas que ainda são minhas musas e razões de meu viver.

AGRADECIMENTO

Em particular agradeço à senhora Joana dos Passos Buffon, ex-aluna e ex-colega de trabalho, que pacientemente revisou escreveu o prólogo deste livro.

PREFÁCIO

Muitas vezes ficamos preocupados em atingir grandes metas, alcançar grandes realizações, e nos esquecemos de observar que a vida é feita de pequenas coisas e geralmente nos passam despercebidas, parecendo não fazer diferença.

Mas, se começarmos pelos pequenos detalhes, veremos que é a partir desses é que acontecem essas grandes realizações em nossas vidas.

Quando executamos simples atos, como dar bom dia a um amigo que precisa desabafar, dar um sorriso a um desconhecido, oferecer um lanche a um necessitado, se disponibilizar a dar carona a outrem que está precisando se locomover, faremos nossas vidas mais alegres e significativas. E, com certeza, nos tornam melhores pois, a partir desses simples gestos, atingiremos grandes realizações.

Ronaldo, o personagem principal deste livro, é um ser humano bondoso e que ao ver uma mãe e sua filha em um restaurante de beira de estrada, sujeitas às intempéries daquele inverno rigoroso do sul do país e de possíveis assédios masculinos, percebe que elas precisam desesperadamente de ajuda. Porém, após várias tentativas de aproximação, essa mãe, orgulhosa e também receosa, aceita muito timidamente, e aos poucos, passa a confiar no desconhecido.

A partir desse instante se inicia uma grande amizade entre eles, que culmina em um amor intenso despretensioso.

A obra é uma leitura muito aprazível, um romance composto por trinta e dois capítulos, carregados de emoções humanas e sentimentos de paixão e ternura.

Joana Passos Buffon

Professora aposentada de Língua Portuguesa

UM

Se Ronaldo tivesse ouvido seus amigos, não teria saído tão precipitadamente da casa deles em Passo Fundo, no estado do Rio Grande do Sul, e entrado na rodovia apesar de toda a ameaça de temporal que se anunciava. Depois de percorrer uns cinquenta quilômetros, todas as previsões que eles haviam feito se confirmaram; o céu abriu suas torneiras sobre a terra, acompanhadas de raios e forte ventania.

Era um fim de tarde de meados de agosto, uma quinta-feira, e o vento empurrava a chuva com uma força indescritível contra o carro, balançando-o ao ponto de prejudicar a estabilidade e a aderência na pista simples e molhada.

O trânsito intenso combinado com o lusco-fusco do entardecer e a leve neblina dificultavam consideravelmente as condições de dirigibilidade. Ele seguia tenso ao volante, tentando desviar desesperadamente, mas com pouco sucesso, dos inúmeros buracos daquela estrada federal pessimamente conservada.

Ronaldo se dirigia a Curitiba, a cerca de seiscentos quilômetros, onde já residia havia dez anos. Havia permanecido três dias na casa dos amigos, mas tinha obrigações na segunda-feira e precisava retornar. Agora, totalmente arrependido de ter saído tão irresponsavelmente e sem necessidades tão imediatas, torcia para encontrar um posto de combustível, um restaurante e, quem sabe, com um pouco de sorte, um hotel anexo.

O elevado número de caminhões em ambos os sentidos impedia a ultrapassagem, um pouco devido à neblina que esses veículos faziam em suas traseiras, o que limitava ainda mais a visibilidade, e também pela sinuosidade e aclives naquela rodovia de serra. Seguia no momento em uma curva em uma subida atrás de uma carreta enorme, a não mais de 40 km/h, quando viu uma placa anunciando um posto de combustíveis, quinhentos metros à frente.

As luzes verdes e vermelhas dos luminosos de neon do local se destacavam à direita, anunciando, além do posto, uma lanchonete e um hotel. Com um suspiro de alívio, ligou a seta e entrou no terreno enlameado e não menos esburacado. Encontrou uma vaga a cerca de dez metros da entrada do local de refeições e rapidamente saiu do carro, batendo a porta com violência, na pressa de escapar da chuva insistente e fria.

O lugar estava com aproximadamente a terça parte de sua capacidade em uso, e o ambiente não era muito quente, mas aconchegante e, com o cheiro da comida, estava bem convidativo. Procurou um lugar no balcão, onde umas cinco ou seis banquetas estavam vazias. Escolheu uma que ficava ao lado direito da entrada e ficou esperando que um dos atendentes se aproximasse.

— O que vai querer, senhor? — perguntou uma jovem baixinha e meio gordinha, do outro lado do balcão.

— Vocês servem refeições, ou apenas lanches?

— Olha, senhor, podemos servir arroz, acompanhado de bife na chapa, ovos fritos, além de batatas fritas e salada de alface com tomate. Ronaldo pensou no colesterol, mas concluiu que estava com muita fome.

— Que se dane — falou baixinho.

— O que disse, senhor?

— Nada, nada, moça! Desculpe! Estou falando sozinho. Mas pode ser isso mesmo. E, por favor, uma cerveja em lata para acompanhar.

— Qual a marca?

— Qualquer uma, desde que esteja bem gelada. Ah, em tempo, menina, como é a qualidade do hotel aí ao lado?

— É médio! Com apartamentos, ar-condicionado, televisão a cabo e frigobar.

— Obrigado! Pode providenciar o meu pedido, por favor...

Enquanto aguardava, examinou o ambiente com mais atenção. Além das banquetas, havia umas duas ou três mesas ocupadas por homens que pareciam caminhoneiros.

Entretanto, mais à esquerda da entrada, observou em uma das mesas uma senhora sentada com uma garotinha em outra cadeira ao lado, com a cabeça no colo da mulher. Provavelmente eram mãe e filha.

Mas o que lhe chamou a atenção foram as roupas que ambas usavam: eram de tecido leve, próprio para o verão, e nenhuma delas tinha uma blusa sequer para protegê-las do frio. Entretanto, mesmo àquela distância ele percebeu que o vestuário era de boa qualidade e caro. Passou a observá-las com mais cuidado. Outra coisa que notou foi a pouca bagagem; uma bolsa média de viagem e outra pequena, a qual deveria pertencer à criança. Mas isso nada significava. O restante poderia estar em algum carro. Pensando melhor, concluiu que isso era improvável, caso contrário não estariam expostas ao ambiente um tanto úmido e quente, cheirando a comidas gordurosas do restaurante.

A garotinha de uns nove ou dez anos, loura e magrinha, parecia estar dormindo naquela posição desconfortável e incômoda. Já a mulher, também loura, demostrava uns trinta e poucos anos, no máximo quarenta e não era tão magra, porém elegante. Tinha um olhar distante e triste, focado na parede à sua frente. Na mesa, estavam apenas uma garrafa de refrigerante vazia e um pequeno prato, ambos já vazios.

— Seu pedido, senhor! Mais alguma coisa?

Ronaldo assustou-se com a voz da garçonete e se virou subitamente na direção de onde vinha o som.

— Não, obrigado!

Olhando para a comida, percebeu que repentinamente não estava mais com fome. Não conseguia tirar da cabeça as duas criaturas sentadas à mesa. Voltou-se novamente em direção a ambas e sentiu ainda mais pena. Estavam em uma situação, no mínimo de desamparo.

Esperou a garçonete voltar para atender um novo cliente ao seu lado e perguntou:

— Moça, após atender esse senhor, pode retornar um pouquinho aqui novamente, por favor?

— Só um minutinho que já volto.

Cerca de dois ou três minutos depois, ela retornou.

— Pois não, senhor...

— Me diga, por favor, quem é aquela senhora com a criança na mesa perto da porta?

— Eu não sei, mas não são daqui de perto. Estão na mesa desde o meio-dia. Parecem estar esperando alguém.

— Obrigado, moça. Voltou-se para a refeição e tentou comer, mas o apetite havia mesmo sumido. Bebeu a cerveja e ficou pensando nas duas figuras femininas.

Olhou novamente na direção onde elas estavam e nesse instante seu olhar cruzou com o da mulher. Ela tinha os olhos tristes e, quando percebeu que estava sendo observada, imediatamente baixou a cabeça. Teve vontade de ir até a mesa, mas pensou duas vezes: poderia ser mal interpretado.

Ronaldo sentia que precisava se aproximar. Percebia-se que elas precisavam de ajuda, mas não encontrou nenhum motivo para se justificar perante a mulher. Ela poderia pensar que ele a estivesse assediando, por se encontrar sozinha, apenas com uma criança e pouca bagagem.

De repente a porta de vidro do restaurante foi aberta violentamente, permitindo que uma lufada de ar frio misturada com chuva entrasse atrás de um homem todo molhado, que, visivelmente embriagado, tentava permanecer em pé. Olhando ao redor, e sem ao menos fechar a porta, deu dois passos em direção ao balcão e com isso aproximou-se da mulher com a filha, mas seu pé direito deslizou no piso molhado. Tentando inutilmente se equilibrar, deu uma escorregada e caiu de lado sobre a mesa das duas, virando-a juntamente com as cadeiras, o que derrubou a menina. A mãe, desesperada, tentou segurar a criança, mas também perdeu o equilíbrio e os três rolaram no piso sujo e molhado.

Ronaldo rapidamente levantou-se da banqueta e correu em direção a eles, seguido por mais dois homens que também tentavam ajudar. A mulher, esforçando-se para se levantar, escorregou novamente e caiu, agora por cima do bêbado. A criança começou a chorar enquanto Ronaldo, chegando ao lado, pegou-a com um dos seus braços e com o outro apoiou a mão da mãe, que se firmando no homem conseguiu levantar-se. Com lágrimas escorrendo pelo rosto, conseguiu puxar pela mão a criança que chorava copiosamente.

Os outros dois homens que vinham logo atrás se preocuparam em arrumar a mesa e as cadeiras e levantar o bêbado que parecia ter entrado em coma. Ronaldo colocou suavemente a menininha em uma das cadeiras, enquanto apoiando a mulher tentou fazê-la sentar-se também, o que ela recusou. Nisso a garçonete aproximou-se com um pano para secar o piso e com outro para limpar a mesa.

— Nossa! Parece que passou um furacão por aqui — falou ela com uma expressão de tédio no rosto gorducho. Nesse ínterim o bêbado, já recomposto, balbuciava pedidos de desculpas. Um dos homens encostou a cadeira para a mulher do outro lado da mesa, enquanto Ronaldo a mantinha em pé, apoiada pelo braço. Ela agradeceu, sentou-se e puxou a criança para seu colo, começando a beijá-la e acariciá-la. Enquanto a criança se acalmava, os dois homens trataram de levar o bêbado, que parecia ser conhecido deles, para um banheiro nos fundos do restaurante. Então a garçonete dirigiu-se à mulher:

— Venham comigo que vou levá-las ao banheiro dos funcionários, onde poderão tomar um banho quente. Pela primeira vez a mulher olhou diretamente para Ronaldo, como se pedisse uma opinião. Tinha os olhos verdes, grandes e lindos, como dois faróis no meio de um rosto clássico e levemente quadrado.

— Acho melhor ir, pois a senhora, e a menina ficarão mais aquecidas.

Enquanto ela se afastava em passos vacilantes, com as duas sacolas, apoiada pela moça do restaurante e com a menina agarrada em sua cintura, Ronaldo dirigiu-se rapidamente ao balcão e chamou um rapaz que também atendia ali.

— Por favor, dois sanduíches com queijo e presunto, um café preto e um chocolate quente. Quando eu chamar leve ao local onde aconteceu o incidente. Estarei lá.

Voltando à mesa, esperou sentado em uma das cadeiras ao lado. Cerca de meia hora depois, mãe e filha retornaram ainda acompanhadas da garçonete. Estavam ambas com roupas secas e diferentes. A mulher usava uma apertada calça jeans, preta, com uma blusa de moletom, branca e a menina, um agasalho vermelho de touca, da mesma cor, o que lhe dava a aparência do personagem da história infantil "Chapeuzinho Vermelho". Então Ronaldo perguntou-se, o porquê da menininha já não estar antes com essa roupa, que evidentemente era mais quente.

Quando se aproximaram, Ronaldo levantou-se e deu alguns passos em direção a elas, fazendo um gesto de apoiar a mulher, o que ela ignorou. Puxou então uma cadeira, enquanto com a outra mão dirigia a criança para sentar. Voltando-se à garçonete, falou:

— Pedi dois sanduíches para o rapaz no balcão. Por favor, mande-o trazer aqui!

A mulher, agora já acomodada na cadeira ao lado da mesa, olhou para ele pela primeira vez, com mais atenção.

— Quem é o senhor e o que deseja?

— Calma, moça. Não desejo nada. Apenas ajudar no que for possível.

— Caso o senhor esteja com más intenções, vou avisando que estou aguardando meu marido, que já deveria ter chegado.

— Veja, minha senhora, me desculpe, mas não costumo ficar assediando mulheres sozinhas em restaurantes.

Nisso a garçonete retornou com o pedido.

— Eu não pedi nada — respondeu orgulhosamente a mulher.

— Foi esse senhor quem pediu — respondeu a moça da lanchonete.

— Aceite, minha senhora. Apenas como uma gentileza de um viajante que está na estrada há algum tempo. Sem segundas intenções — falou Ronaldo.

Percebeu que a menininha olhava para os sanduíches com muita atenção.

— Estou com fome, mamãe. Posso pegar?

Notando a indecisão da mulher, a garçonete que ainda estava ali disse:

— Coma, querida, é bem gostoso.

A criança olhou triste para a mãe, em um mudo pedido de autorização. Esta, então, fez com a cabeça um leve movimento de consentimento.

— Esse outro é para a senhora — falou novamente a garçonete. — O café está quentinho. Beba antes que esfrie.

— Eu não quero! Estou sem fome!

— Minha senhora, me desculpe, mas não seja orgulhosa - interferiu Ronaldo. - O café vai aquecer seu corpo.

Ela olhou para ele com um pouco de desconfiança, mas acabou aceitando.

— Não costumo aceitar favores de estranhos, mas neste caso vou fazer uma exceção — falou com um sorriso discreto.

— Estarei no balcão, caso precise de algo mais — respondeu com o intuito de deixá-la mais à vontade.

— Obrigada, cavalheiro. Não precisarei de mais nada.

— Tudo bem. Desculpe-me pela insistência, mas estarei fazendo minha refeição ali perto da caixa registradora.

— Afastando-se ao lado da garçonete, voltou ao seu lugar.

A essa altura, a refeição, obviamente, estava completamente gelada.

A garçonete prontificou-se.

— Posso aquecer no forno de micro-ondas, se o senhor quiser.

— Faça-me esse favor, moça.

Em alguns instantes estava devorando tudo, e se surpreendeu como a fome tinha voltado tão intensamente.

Enquanto comia, observava pelo canto do olho as duas figuras femininas que pareciam mais calmas. A mulher havia devorado seu sanduíche, o mesmo acontecendo com a menina.

Quando terminou, Ronaldo chamou novamente a moça do balcão, pedindo-lhe que verificasse se elas não queriam mais nada.

Ela voltou em alguns instantes depois dizendo que agradeciam, mas estavam bem. Então, acertou as despesas e levantou-se para ir até o hotel, onde pretendia dormir aquela noite.

Ao passar novamente pelas duas, parou com intuito de se despedir, e percebeu que a mulher olhou para ele com mais atenção.

— Seu marido ainda não chegou? — comentou Ronaldo percebendo a tolice da pergunta. — Ele vem de longe?

— Não muito, uns cinquenta quilômetros. Na realidade marquei encontro com ele aqui, através de uma mensagem de celular. Mas não tenho certeza se ele recebeu.

Ronaldo achou estranho que ela tivesse se aventurado em uma espera sem ter certeza de que o homem havia lido sua mensagem. Entretanto, não quis dar opinião alguma para não parecer indiscreto.

— Bem, minha senhora. Eu vou alugar um quarto no hotel aqui ao lado. Caso precise de mais alguma coisa, estou a seu dispor.

— Muito obrigada, cavalheiro, mas não preciso de mais nada mesmo. Boa noite para o senhor.

— Boa noite. Qualquer coisa que precisar procure a portaria do hotel e mande o atendente me chamar. Ah, meu nome é Ronaldo Müllman de Mello.

— Mais uma vez obrigada — respondeu ela. — Mas tenho certeza que não será necessário. Meu marido deverá chegar a qualquer instante.

Despediu-se novamente e foi até a porta, recebendo o ar gelado que vinha de fora. A chuva continuava intensa.

DOIS

Provavelmente aquele não seria um dia agradável. A chuva deveria chegar ainda naquela quinta-feira. Logo o frio cortante do inverno rigoroso da região se iniciaria.

A pequena cidade de Clevelândia incrustrada no alto da Serra da Fartura, que era um divisor natural de águas, também fazia a divisa dos estados do Paraná e Santa Catarina Os rios ao norte desaguavam nos afluentes do rio Iguaçu, indo para as famosas Cataratas do Iguaçu e depois para o rio Paraná; os do Sul corriam para o rio Chapecó em seguida para o rio Uruguai e, finalmente, toda a água dessas duas bacias hidrográficas brasileiras se encontrava no Rio da Prata, Atlântico Sul, Montevidéu e Buenos Aires, capitais do Uruguai e Argentina.

Clevelândia era uma cidade centenária e havia vivido seus dias de glória há bastante tempo. Hoje, com uma população em queda, dependia de seus aposentados, um pouco do agronegócio, comércio varejista e algumas indústrias madeireiras. Mas principalmente vivia das recordações de dias melhores.

O sargento Luiz Antônio Limeira olhou para o oeste, através da janela da cozinha, onde as nuvens ameaçadoras e carregadas se faziam presentes e pensou na rodovia que passava ao lado da cidade. Guarda rodoviário do estado do Paraná, já há quase trinta anos, ele só sonhava com sua aposentadoria, dali a uns cinco ou seis anos. Nesse instante teve certeza que teria pouco trabalho, pois os veículos que passassem pelo posto, na beira da estrada, seriam poucos. Entretanto, as possibilidades de acidentes seriam maiores, devido à imprudência de alguns "apressadinhos", que abusavam da velocidade e do pouco tráfego, esquecendo-se da pista cheia de curvas que se tornaria escorregadia após o início da chuva. Provavelmente seria um dia monótono e frio. Muito frio.

Levantou-se da cadeira ao lado da mesa onde acabara de tomar seu café matutino, pegou sua jaqueta à prova d'água, seu boné vermelho (o que rendeu à corporação da Polícia Rodoviária do Paraná o apelido de "Pica-Pau"), sua arma e aproximou-se de Ana Flávia, sua esposa, beijando-a no rosto.

— Se cuide, querido! — falou ela.

— Pode deixar! Estou velho demais para querer bancar o herói — respondeu. — Ah, venha comigo para pegar o carro. Você vai precisar dele com esse mau tempo que se aproxima.

— OK, querido! Tenho mesmo que ir ao mercado e à farmácia.

— Então vamos antes que o Pedro Alberto tenha um enfarto de tanto me esperar — falou rindo.

Entraram na garagem anexa à cozinha da casa, e ele abriu a porta de seu velho Gol. Ligou o motor e esperou que aquecesse por cerca de dois minutos. Quando acionou o portão eletrônico, confirmou que o vento se manifestava com violência lá fora. Engatou a ré e partiram para a estrada em direção ao posto policial, uns quinze quilômetros de sua casa.

— Tinha esquecido, Luiz, mas preciso de um pouco de dinheiro para pagar o gás, que provavelmente irá acabar hoje, e o queijo colonial que encomendei — falou Ana Flávia.

— Tudo bem! Cem reais são suficientes?

— Claro. Sobra ainda. No mercado e na farmácia, usarei o cartão de crédito.

— Então pegue na minha carteira no bolso direito da jaqueta.

Aproximando-se do posto, percebeu que o policial do turno anterior estava ansioso, postado na larga janela que dava para a rodovia, como se tivesse algum compromisso inadiável a não ser cair em uma cama e dormir o resto do dia.

Estacionou seu carro sob o abrigo que ficava à direita da mesma janela ao lado do Ford Escort do companheiro, um veículo com dez anos de uso, e que se encontrava atrás da viatura. Desceu rapidamente, esperou Ana Flávia acomodar-se no volante e, através da janela, deu-lhe um beijo no rosto.

— Fique com Deus, menina, e se cuide!

— Você também, querido! Venho lhe buscar um pouco antes das oito horas da manhã — falou ela, dando ré no carro.

— OK! Até lá, querida.

Sentindo o ar úmido e frio que agora vinha do oeste, abriu a porta do lado direito do posto policial e ao entrar ouviu a batida da mesma que se fechava com um estrondo, devido ao vento forte de fora.

— Demorou um pouco mais hoje, sargento — falou o soldado Pedro Alberto dos Santos, antes mesmo de cumprimentá-lo e com um sorriso tenso nos lábios.

— Bom dia, soldado. Negativo! Ainda não são oito horas. Confira esse seu relógio marca "barbante" que tem no braço. Ah, não presta mais continência a um superior? — falou rindo, mesmo sabendo que o outro estava certo quanto ao horário.

— E então? Alguma ocorrência durante seu turno?

— Nada, sargento, apenas um casal de jovens dirigindo em alta velocidade, mas entraram na estradinha de chão ali na frente.

— Fez café? – perguntou enquanto observava Ana, pela janela, se afastando na estrada com o carro deles.

— Sim, está na garrafa térmica. Mas já faz umas duas horas que eu fiz. Deve estar meio frio.

— OK! Mais tarde farei outro. Agora, vá embora homem, antes que você me deixe louco com essa sua aflição, tão visível – ordenou Luiz.

— Certo, sargento. Até outro dia. Bom trabalho.

— Bom dia e descanse bem.

Eram três os policiais destacados para aquele posto e que permutavam os turnos, para atenderem o local, vinte e quatro horas cada um. Isso lhes dava individualmente, quarenta e oito horas de folga.

Após o rapaz sair, Luiz Antônio dirigiu-se à pequena cozinha que ficava na parte dos fundos da construção e abriu a sacola com os ingredientes para seu almoço e jantar que havia trazido, colocando tudo dentro da pequena geladeira. Voltando à sala da frente, foi até o rádio de comunicação que estava na mesma frequência dos outros postos da região, colocado em um canto da sala e fixado na parede. Já estava ligado, porém com o volume quase fechado. Aumentou o som e ficou atento a qualquer mensagem que poderia receber. Mas só havia estática. Manteve o aparelho ligado e foi sentar-se à mesa, ao lado da janela da frente.

O trânsito estava calmo, como ele previra. Observou pela outra janela, ao lado da porta e que dava para o abrigo da viatura, verificando se o veículo estava com os vidros fechados. Então, levantou-se, pegou o livro que também havia trazido, sentou-se novamente ao lado da mesa, acendeu um cigarro e serviu-se de café. Realmente, estava um pouco frio, como Pedro Alberto havia dito. Mas ainda tragável.

"A chuva com certeza se iniciaria, ou já se iniciara bem antes no Rio Grande do Sul e em Santa Catarina, tendo em vista que ela normalmente começava pelo sul ou pelo oeste do país, nesse caso quando as frentes frias vinham da Cordilheira dos Andes, passando pela Argentina e Paraguai", pensou o sargento.

Ele não conseguia se concentrar no livro e começou a divagar os pensamentos. Pôs-se a recordar dos filhos, já adultos, que frequentavam faculdades na capital do estado. O mais velho, com vinte e cinco anos, fazia o penúltimo semestre de Engenharia Civil. A moça, mais nova, cursava o segundo ano de Medicina Veterinária, e estava com vinte e dois anos. Chamavam-se Augusto e Ana Paula.

Sorriu ao lembrar-se que eles estavam bem encaminhados, enquanto ele apenas conseguira fazer o segundo grau. Atingira o posto de segundo sargento por tempo de serviço e dedicação. Não tivera oportunidade de cursar uma faculdade, pois sempre precisou trabalhar para se manter e ajudar sua mãe viúva.

Luiz Antônio casara-se com vinte e cinco anos, na mesma época em que ingressara na polícia rodoviária, e Augusto viria ao mundo cinco anos depois. Logo em seguida Ana Paula, que nascera com problemas respiratórios e passava muito tempo internada. Felizmente o hospital militar da polícia, que ficava em Curitiba, onde ele ainda morava na época, também dava assistência aos dependentes dos militares da corporação; oficiais e soldados. Mesmo assim foram tempos difíceis, pois o salário baixo mal dava para a subsistência da família e os remédios da criança.

Ana Flávia teve que parar com seu trabalho de secretaria em um escritório de advocacia, para atender a menina doente. Isso encurtou ainda mais o minguado dinheiro que recebiam. Entretanto, era uma mulher prestimosa, cuidando dos filhos e da casa com esmero, enquanto ele fazia seu trabalho policial pelas estradas do estado.

Recentemente Luiz Antônio fora transferido para essa cidade e promovido a primeiro sargento, após quase dez anos como segundo, o que lhe deu um grande alívio nas finanças. Também tivera sorte pelo fato de os filhos estarem cursando faculdades públicas. Entretanto, ele ainda precisava mantê-los com moradia, livros, roupas e alimentação. E isso realmente era bem pesado para seu modesto ordenado de sargento.

Cansado de pensar nos problemas econômicos da família, levantou-se e foi pegar mais café. Era o seu vício predileto, juntamente com o cigarro.

TRÊS

O Chevrolet Opala vinha em alta velocidade na rodovia molhada, sem preocupar-se com a neblina que começava a surgir junto com a chuva miúda daquela madrugada.

No seu interior, o casal de jovens havia consumido a quarta caixa de cerveja. Visivelmente embriagado, o rapaz assobiava acompanhando a música alta tocada pelo *pen drive* no aparelho de som do veículo, enquanto batia o ritmo com as mãos no volante. Era magro, moreno e não aparentava mais do que vinte e cinco anos.

A moça, no banco ao lado, era uma loura muito bonita, deveria ter uns dezoito ou dezenove anos. Completamente bêbada, estava sentada displicentemente, meio deitada, com os olhos fechados e a saia erguida até o alto das coxas, que o cobertor mal arrumado não conseguia esconder.

Os dois estavam na estrada há mais de quatro horas e dirigiam-se para Curitiba, onde ambos moravam. Haviam saído de Foz do Iguaçu, onde compraram no lado paraguaio da fronteira, uma grande quantidade de drogas para revender. Abusando da sorte de não terem sido parados em nenhuma barreira policial, se julgavam deuses e por isso bebiam e corriam desesperadamente.

Edna, a moça no banco do carona, filha única, estudava o primeiro ano de psicologia médica na Pontifícia Universidade Católica do Paraná, uma faculdade particular. Era o que se chama uma "patricinha". Sustentada pelos pais e sempre com carro próprio e novo, ou seminovo, roupas de grife e vários cartões de crédito e débito. Nunca soube e nem se interessava em saber de onde vinha o dinheiro que lhe permitia todo aquele luxo.

Já o rapaz, Sérgio da Costa Pinheiro, não estudava e vivia de pequenos furtos e, principalmente, do tráfico de drogas. Haviam se conhecido em uma balada, onde rolava álcool, cocaína e maconha à vontade. Desde o início, o sexo, as drogas e a bebida foram os ingredientes que os atraíram.

O Opala era um veículo com mais de vinte anos de uso e de procedência duvidosa. Necessitava urgentemente de uma boa revisão, devido à idade e aos maus cuidados que recebia. Mas nem por isso o rapaz deixava de dirigir loucamente, não se importando nem com os pneus que já estavam bastante desgastados e pedindo há muito tempo para serem substituídos.

A cerca de trezentos e cinquenta quilômetros de Clevelândia, ele viu um restaurante com um posto de gasolina ao lado. Olhou no marcador de combustível e concluiu que precisava completar o tanque.

Saiu violentamente da rodovia, sem ao menos sinalizar e entrou no pátio lançando água e lama para todos os lados. Estacionou na frente do posto e falou para um atendente que se aproximava, coberto com uma capa amarela:

— Completa, "cara"! Com gasolina aditivada.

Desceu do carro e foi até a lanchonete. No balcão pediu dois cachorros quentes e mais uma caixa de latas de cerveja gelada.

Enquanto a garçonete preparava os lanches, ele olhou no relógio na parede: uma hora da madrugada. Correu então os olhos pelo resto da sala. Totalmente vazia. Pagou o pedido com um dos cartões de crédito da companheira e dirigiu-se para o posto a fim de acertar a conta do combustível. Aproximou-se do caixa e pediu ao atendente sonolento o quanto devia. Usando novamente o mesmo cartão, acertou a conta e dirigiu-se à porta do motorista, abriu-a e viu que a companheira estava acordada, procurando mais um cobertor no banco traseiro, onde carregavam a pouca bagagem.

— Estou ficando com frio — falou para o rapaz.

— Imagino! Mas o pior é que neste carro, o ar quente não funciona mais. Teremos que nos virar com os cobertores mesmo. Mas, em compensação, o motor está modificado e tem uma potência muito superior aos carros do mesmo nível dele.

Entrou no veículo, deu partida e saiu novamente em alta velocidade. O tráfego estava agora praticamente inexistente e ele aproveitou para acelerar ainda mais.

A moça comeu parte do lanche, bebeu uma das cervejas, arrumou-se no banco, puxou a coberta e preparou-se para dormir novamente.

Enquanto isso Sérgio também abriu sua bebida, usando os dentes enquanto dirigia, deixando de lado a comida. Começou a pensar na situação: desde que saíra de Curitiba, estava viajando o tempo todo quase sem dormir e apenas fazendo lanches esporádicos em algumas paradas. Gostava da loura ao seu lado, mas principalmente pelo prazer sexual que ela lhe proporcionava. Além disso, o dinheiro que a mesma tirava de seus pais, através dos cartões de débito e crédito, lhes permitia comprar as drogas e revender as que não usavam. Estavam com trinta quilogramas de maconha e cerca de um quilograma de cocaína escondidos em sacos plásticos dentro do estepe e do tanque do carro. Esta última, depois de processada, lhe daria um bom dinheiro nos pontos de entrega.

QUATRO

Ronaldo enfrentou novamente a chuva e dirigiu-se ao carro para pegar a mochila de viagens. Empurrou outra vez a porta com violência, na pressa de escapar do aguaceiro grosso e frio levado pelo vento forte. Na portaria do hotel, um senhor já meio idoso estava folheando uma revista e olhou-o com curiosidade.

— Um quarto, senhor? – perguntou interessado em um cliente, o que deveria ser raro naquele lugar.

— Na realidade eu queria um apartamento com banheiro privativo.

— Temos um especial de frente para a rodovia, com chuveiro a gás, televisão a cabo, ar-condicionado frigobar e internet.

— OK. Pode ser esse mesmo. E a garagem?

— Fica nos fundos — respondeu ele. – Se o senhor deixar a chave, o rapaz que me substituirá daqui alguns minutos guardará o carro para o senhor.

Enfiou a mão no bolso e colocou-as em cima do balcão.

— É necessário apertar este botão, para liberar a porta e o alarme. É um Ranger preto na frente da porta do restaurante — falou.

Em troca o homem entregou-lhe as chaves do apartamento, juntamente com uma ficha para ser preenchida. Após completar os dados, devolveu o papel e se preparou para subir.

— É o número 111, do lado direito do corredor, após subir no primeiro andar. Não tem erro. Quer que eu leve sua bagagem?

Ronaldo achou estranho, pois normalmente esse tipo de pergunta não é feita; simplesmente os atendentes pegam as malas do viajante e as levam para o quarto do hóspede. Então observou encostado na parede, atrás do homem, um par de muletas canadenses. "Deve ser dele", pensou.

— Não, obrigado, eu mesmo faço isso. — Percebeu um ar de alívio no rosto do homem e não pode deixar de dar um sorriso.

— Desculpe, senhor, mas é norma do hotel receber a diária adiantada.

— Tudo bem. Vou pagar com o cartão de crédito. Pode ser?

— Claro! Não há problema.

Após acertar tudo, pegou a mochila e dirigiu-se até a escada revestida de carpete um pouco desgastado pelo uso. Chegando ao alto, tomou a direita, como lhe foi recomendado, e achou o apartamento 111. Entrou e logo sentiu o perfume agradável de limpeza. Dirigiu-se à janela, abriu as cortinas, feitas de tecido grosso e também um pouco desgastadas. Através do vidro, notou que um rapaz usando um guarda-chuva grande se dirigia até seu carro, logo dando partida. Com uma volta de 90 graus, partiu em direção aos fundos do hotel.

Voltou sua atenção para o apartamento. A cama era de casal, bem larga, com cobertas azuis, que, ao contrário das cortinas e do carpe da escada, estavam bem conservadas. Na parede, acima da cabeceira da cama, um aparelho de ar-condicionado com controle remoto oferecia a opção de quente e frio. Ligou o aparelho e regulou para 22ºC. Na parede oposta, quase no teto, havia uma televisão de LED de 32 polegadas. Logo abaixo, uma penteadeira com um espelho grande e ladeada à direita, um pouco mais abaixo, por um frigobar. Ligou a TV e procurou um canal de notícias. Eram quase 21 horas e conseguiu sintonizar uma rede nacional que exibia um comercial, no intervalo do noticiário.

Dirigindo-se ao banheiro, surpreendeu-se com a conservação, Era mais ou menos um terço do tamanho do quarto, possuía cerâmica de cor creme, com desenhos de flores, que se estendiam desde o piso até o teto. Dentro do box, de acrílico de mesma cor, um chuveiro enorme pendia de uma altura de cerca de dois metros. Ligou o aparelho e deixou a água aquecer enquanto tirava a roupa e jogava-a em cima da penteadeira do quarto.

Após o banho, colocou um pijama, puxou as cobertas e sentiu o prazer da temperatura agradável do local e a maciez da cama. Concentrou-se na TV, que descrevia as últimas notícias da política nacional. Como sempre, apenas corrupção generalizada entre políticos e empresários. Virando-se para o lado, imediatamente adormeceu, sem ao menos desligar o aparelho de televisão ou a luz do abajur.

Teve um sonho perturbado, em que acidentes automobilísticos se misturavam com a mulher da lanchonete e sua filha. Acordou agitado e olhou para o relógio de pulso que havia colocado sobre o criado-mudo: quase uma hora da manhã. Imediatamente lembrou-se da mulher e da criança que havia visto na mesa do restaurante. Começou a pensar na situação das duas; no mínimo era bem estranha. Analisou a história da mensagem pelo celular. Como ela havia enviado essa mensagem, perto do meio-dia e até àquela hora não recebera resposta e tampouco o marido havia chegado? Nada parecia coerente. Tinha pouca, bagagem e certamente estava sem dinheiro. Tudo caracterizava no mínimo uma fuga. Seus pensamentos não se desviavam da situação de ambas. Resolveu levantar-se e ir novamente até o local para verificar se ainda estavam lá. Tudo lhe dizia que sim.

Colocou novamente a roupa, desligou a TV que agora exibia um filme antigo, fechou o quarto, desceu as escadas, deixando a chave no balcão de atendimento, onde o mesmo rapaz que havia guardado seu carro estava assistindo a um filme, no pequeno aparelho instalado na parede lateral.

— Vou buscar cigarros — comentou.

— Certo, senhor! — respondeu desinteressado.

Abriu a porta do hotel e percebeu que a chuva havia parado, substituída agora por um vento frio e forte. Dirigiu-se rapidamente até o edifício ao lado e mesmo pelo vidro da porta, verificou como imaginara que a mulher e a criança continuavam no mesmo lugar. Só que agora ambas dormiam. A menina com a cabeça no colo da mãe e esta com os braços sobre a mesa onde o ombro se apoiava. Empurrou a porta e foi seguido por uma lufada forte de ar gelado. O restaurante estava totalmente vazio, com exceção das duas e da mesma garçonete que o havia atendido. Indo até o balcão pediu um café quente.

— Você ainda está trabalhando, moça?

— Logo serei substituída por outra atendente, e então terei 24 horas de folga.

— E elas ainda continuam aí? — perguntou à garçonete.

— Do mesmo jeito. Fiquei com pena e lhes dei mais dois sanduíches por minha conta, que comeram com avidez. Se eu tivesse uma cama aqui, teria levado as duas para lá. Mas não temos nada.

— Muito estranha essa situação — comentou Ronaldo.

— Sem dúvida. Essa história de esperar o marido está muito mal contada.

Bebeu o café e resolveu ir conversar com a mulher, mesmo sabendo que seria mal recebido. Chegando perto, notou que ela emitia leves gemidos, como se estivesse com dores. Tocou de leve em seu ombro e ela imediatamente acordou. Olhando com olhos vermelhos e assustados, disse:

— O senhor novamente? Não foi dormir?

— Sim, mas algo me disse que eu precisava ver se a senhora e a menininha estavam bem.

— Isso não é de sua conta, meu senhor. Mas de qualquer forma muito obrigada pela gentileza.

— Então seu marido não chegou? — Percebeu que ela corou e desviou o olhar para a criança.

— Alguma coisa errada deve ter ocorrido. Ele é muito responsável. Talvez a mensagem não tenha chegado, ou o carro estragado. Também tentei ligar, mas a ligação caiu na caixa postal — Respondeu com um tom de voz que não convencia ninguém.

— Não pode passar a noite aí nessa cadeira, com essa criança pequena. Logo a temperatura irá cair muito e a menina poderá ficar doente, assim como a senhora também.

Mesmo sem ser convidado, puxou uma cadeira e sentou-se ao lado delas, enquanto acenava para a garçonete.

— Meu senhor, isso não é problema seu, já disse. Eu resolvo esta situação. Ele deverá chegar logo, ou amanhã cedo.

— E até lá irá dormir nessa mesa, com uma criança pequena e mal agasalhada? Veja, já é uma hora da madrugada — comentou apontando com o dedo para o relógio da parede.

Pela primeira vez ela olhou para ele com uma espécie de constrangimento ou de pedido mudo de ajuda, embora meio disfarçado. Ronaldo captou a mensagem no ar e falou:

— Permita-me ajudá-la. Juro que não existem segundas intenções atrás de tudo. Deixe-me pagar-lhe um quarto no hotel aí ao lado. Eu vou partir bem cedo e a senhora nem precisará me agradecer ou se despedir.

— O que é isso, senhor? Acha mesmo que irei aceitar isso de um estranho?

— Escute, por favor! Não é momento para orgulho. Deve isso a essa criança e a senhora mesma. Eu juro que nem irei saber o quarto em que ficará hospedada. Por favor, faça isso também por mim. Não conseguirei dormir imaginando esta situação aqui embaixo. Deixe seu medo e orgulho de lado, e aceite. Estarei longe quando acordarem — repetiu.

— Desculpe, senhor, mas não poderei fazer isso.

Olhou para aquela cabecinha tão bonita e teimosa, e já estava quase desistindo, quando lhe veio à ideia de mudar de tática.

— Então, que tal dormir no meu carro? Pegarei alguns cobertores no hotel. Pelo menos não ficarão tão expostas ao frio da madrugada. Os bancos do veículo reclinam e se tornam quase camas. O que me diz?

A mulher o olhou demoradamente, e ele percebeu que ela estava cedendo. Virou-se para a criança e, após alguns segundos, finalmente falou:

— Está bem! Vou aceitar o carro, mas apenas por causa de minha filha.

— Como queira, senhora — respondeu com um sorriso aliviado. — Então vamos. Ela retirou a cabeça da criança de seu colo, enquanto esta choramingava de frio.

— Acorda, filhinha. Vamos dormir? Venha, mamãe leva você no colo.

— Não quer lhe dar um chocolate quente? – perguntou o homem.

A menina olhou para a mãe e pela primeira vez falou:

— Eu quero, mamãe, estou com frio.

— O que é isso, minha filha? Que falta de educação...

— Deixa, senhora. É uma criança. O chocolate a aquecerá.

Ronaldo levantou-se e foi ao balcão. A garçonete olhou-o interrogativamente.

— Vou levá-las para dormir no meu carro. A mulher é muito teimosa, não aceitou um quarto.

— Deve estar com medo, pobrezinha. Eu também estaria.

— Por favor, sei que já estou incomodando muito, mas queria dois chocolates quentes para as duas — falou. – É possível?

— É para já, senhor.

Enquanto a moça se retirava para ir atender ao pedido, olhou para as duas criaturas, ao lado da mesa. Estavam em pé e o examinavam com curiosidade.

Acenou para ambas, convidando-as a se aproximarem. Meio relutante, a mulher pegou na mão da filha e com a outra, as duas sacolas, aproximando-se meio encabulada do balcão.

— Assentem-se nessas banquetas, enquanto o pedido não chega.

Ainda meio envergonhada, ela ergueu a filha em um dos assentos, e pegou o outro.

— Essa menina é mal-educada – falou ela. — Onde se viu pedir um chocolate para um estranho?

— Não se preocupe, senhora. É uma criança. E não sou mais estranho, já lhe disse antes o meu nome.

— Meu nome é Andréia de Almeida Macedo e essa esfomeada aqui se chama Lisbeth — falou descontraída e com um belo sorriso nos lábios.

— Muito prazer, Andréia — falou, estendendo a mão para ela, que a pegou com um aperto forte.

— Prazer, Lisbeth — repetiu o mesmo gesto em direção à menina. Ela estendeu a mãozinha gelada e tocou de leve na sua. — Qual a sua idade, querida?

— Nove anos. Muito prazer, tio, e obrigada pelos sanduíches de antes e pelo chocolate de agora.

— Não há de que, Lisbeth — respondeu com um grande sorriso. — Você é grande para sua idade.

— Também, da maneira que come... — falou rindo a mulher.

A garçonete chegou com os chocolates para as duas.

— Que tal outro sanduíche, ou um cachorro-quente?

— Nem falar, Sr. Ronaldo. Ela não está com fome. O chocolate é suficiente.

— Estou sim, mamãe. Por favor, quero sim um cachorro.

— Meu Deus, filha, você parece um saco sem fundos. Vai me matar de vergonha.

Ronaldo e a garçonete riram juntos, enquanto com a cabeça ele solicitou que a garçonete fizesse o lanche.

— Andréia, o seu chocolate vai esfriar. Beba-o enquanto ainda está quentinho. Que tal um cachorro-quente também?

— Pelo amor de Deus. Não quero mais nada. Aliás, nem o chocolate eu deveria aceitar.

— Vai beber sim. Já que fiz o pedido vou ter que pagar. Ou quer que a garçonete jogue no lixo?

— Está bem. Vou beber o chocolate, comer o lanche, mas assim que meu marido chegar eu farei com que ele pague tudo que o senhor gastou conosco.

— Já que ele vai pagar, que tal pegar o quarto no hotel?

— Desculpe, mas o seu carro é mais que suficiente – respondeu rapidamente.

— Tudo bem, moça, já que insiste...

Ronaldo acertou a conta da lanchonete e seguido pelas duas se dirigiram à saída, recebendo de frente o vento frio e úmido. Lisbeth agarrou-se na cintura de Andréia, tentando escapar da ventania. Indo na frente delas, ele correu para abrir a porta do hotel, a fim de pegar uns dois cobertores e as chaves do carro. Elas o seguiram até o balcão onde ele perguntou ao rapaz se ele alugava dois cobertores para as duas, que iriam dormir em seu veículo.

— Mas, senhor, pegue um quarto para elas — falou ele. — Ficarão aquecidas. A temperatura vai cair muito nesta madrugada e o carro não vai protegê-las do frio.

— Olha, moço, se conseguir convencê-la, eu lhe pago um café.

Percebeu que a menina olhava com ar suplicante para a mãe.

— Vamos, senhora. Use um quarto. É barato e vocês ficarão bem — falou o atendente.

— Já lhe disse que pagarei pelo quarto e ela me devolverá quando o marido chegar amanhã. Mas...

— Eu quero, mamãe. Estou com frio e sono. Podemos tomar um banho quente.

A mulher olhou para a menina, para Ronaldo e para o atendente, com ar de dúvidas.

— Está bem. Vou fugir novamente às regras. Aceito o quarto, principalmente por causa de Lisbeth, mas quero pagar tudo amanhã quando ele chegar.

Ronaldo deu um sorriso de felicidade e falou:

— Pelo menos agiu com sabedoria. Estava na hora de pensar em vocês duas.

— Vou colocá-las próximo ao número 111 do senhor aqui. É o apartamento 113. Por favor, preencha esta ficha aqui.

— Não se preocupe, meu amigo. Eu me responsabilizo, visto que vou pagar adiantado também – respondeu rapidamente, sentindo que provavelmente elas nem documentos tinham consigo.

— OK! — falou ele. — Aqui estão as chaves. Suba a escada. Fica ao lado direito. — Enquanto elas saíam, ele ainda comentou alto.

— O café é das 6 às 9 horas. Não percam, é bem completo.

Ronaldo usou novamente o cartão e esperou alguns minutos até que elas chegassem ao apartamento.

Quando se aproximou do seu, percebeu que elas já tinham entrado no delas. Abriu a porta e foi colocar novamente o pijama, e se deitar para recuperar o sono atrasado.

Estava sentado na cama, quando ouviu uma leve batida na porta. Intrigado, abriu e viu Andréia olhando-o encabulada.

— Senhor, eu não sei como agradecer, mas fique tranquilo que amanhã eu acerto todos os gastos que o senhor teve conosco.

— Não se preocupe com isso, senhora. Amanhã é outro dia e conversaremos no café da manhã, antes de eu viajar.

— Obrigada, mais uma vez – falou baixinho, se afastando rapidamente.

CINCO

Ronaldo acordou às 7 horas e foi direto para o chuveiro. Voltando ao quarto, vestiu a roupa e tratou de arrumar a sacola, pensando se as duas já haviam acordado.

Fez o *check-out* no quarto e desceu ao salão do café. Havia um casal e alguns homens sentados e conversando. Mãe e filha não se encontravam ainda ali.

Sentou-se ao lado de uma mesa maior, perto do buffet, e foi pegar algumas frutas juntamente com suco de laranja. Quando voltava ao lugar, percebeu pelo seu olhar periférico que elas estavam entrando na sala de refeições, carregando suas sacolas.

Voltou-se na direção da entrada e acenou para que ambas se dirigissem até onde ele se encontrava. Aproximaram-se com um sorriso radiante, o que lhe fez pensar que haviam dormido bem.

— Bom dia, meninas. Sentem-se aqui, por favor — falou mostrando dois lugares ao lado de sua mesa. – Dormiram bem?

— Bom dia, senhor Ronaldo. Sim, obrigada — respondeu Andréia um pouco tímida.

— Vão servir-se no buffet enquanto vou bebendo meu suco.

Quando elas voltaram com seus pequenos pratos de frutas e dois copos de suco, ele comentou:

— Parece que o tempo vai melhorar. Preciso chegar o quanto antes em Curitiba. Tenho compromissos, mas antes tenho que passar em Clevelândia visitar um parente que anda meio adoentado. E você? Vai esperar seu marido até quando? Isso, sem querer interferir em sua vida, evidentemente.

Ronaldo percebeu que ela ficou vermelha e começou a gaguejar.

— Realmente não sei. Talvez daqui alguns minutos ou... Sei lá.

— Se acaso o lugar que vocês pretendem ir estiver no meu caminho, posso levá-las até lá.

Percebeu que a mulher ficou meio indecisa.

— E por onde o senhor vai, até Curitiba? – acabou perguntando após alguns segundos.

— Vou a Chapecó, depois Xanxerê e então estarei perto de Clevelândia, que é onde visitarei o meu parente. Partirei de lá, ainda durante à tarde, para a capital do estado, onde devo chegar à noite, isso se não houver imprevistos.

A mulher ficou pensativa e depois olhou para a garotinha e perguntou:

— Quer que a mamãe pegue um sanduíche para você, minha querida?

— Sim, mamãe, e também um pedaço daquele bolo amarelo.

— Então vamos até lá, meu amor.

Ronaldo pensou com seus botões: "não existe marido algum que ela esteja esperando". Quando elas voltaram, ele olhou-a fixamente nos olhos e percebeu que ela tentou desviar os dela.

— Andréia, aonde você quer ir?

Ela levou uns dois minutos e finalmente olhou direto nos olhos de Ronaldo.

— Curitiba — respondeu com a maior simplicidade. – Tenho uma irmã que mora lá. Posso chamá-lo simplesmente de Ronaldo?

— Claro que sim, Andréia. Eu já a estou tratando por você desde ontem.

— Pois bem, Ronaldo, como você já deve ter percebido, não existe marido algum que eu esteja esperando. Aliás, estamos sozinhas eu e Lisbeth. Saí de casa, mas é uma longa história. Se você nos der uma carona até Curitiba, pegarei dinheiro com minha irmã e lhe pagarei tudo que tem gastado com a gente, inclusive a passagem até lá. Cometi a grande besteira de não trazer meu cartão de crédito. Por isso, estou sem dinheiro algum.

Ronaldo olhou fixo para ela e não resistiu. Deu uma risada curta e forte, o que fez o vizinho da mesa ao lado virar a cabeça em direção a eles.

— Muito bem, Andréia. Você agora é minha carona. Enquanto vocês terminam de comer, vou buscar minha mochila no quarto e pegaremos a estrada. Mas antes me conte como você pretendia me pagar, já que não tem dinheiro nem marido para chegar? Não é que eu fosse cobrar, mas você fala tanto nisso que agora estou curioso.

— Realmente não sei. Claro que na última hora eu iria lhe contar que estava sem nada e iria implorar para que você me desse o número de sua conta, para eu depositar depois.

— É claro que eu não cobraria. Mas você iria se humilhar muito pedindo isso a um estranho.

Dito isso, ele afastou-se em direção à escada, enquanto Andréia e Lisbeth terminavam a refeição.

Quando retornou, elas estavam na porta do restaurante prontas para partir. Esperou o atendente no hotel trazer seu carro da garagem, e então falou:

— *Entonces, adelante niñas.*

Elas o seguiram até o veículo, com a menina saltitando em torno das poças d'água e dando risinhos de felicidade, enquanto Andréia a repreendia para não molhar os pés.

O céu, que antes parecia que ficaria sem nuvens, voltara a se fechar e a temperatura tinha subido um pouco. "Sinal de mais chuva", pensou Ronaldo, sem, entretanto, nada dizer.

— Entrem que vou abastecer.

Levou o carro até o posto e completou o tanque de combustível, aproveitando para pegar algumas barras de chocolates na loja de conveniências anexa especialmente para suas passageiras. Voltando ao veículo, percebeu que ambas já estavam com os cintos de segurança e Lisbeth sentada atrás.

— Muito bem — disse ele —, ainda não é 8h30. Se partirmos imediatamente, e se não tivermos contratempos pelo caminho, devemos chegar a Clevelândia ali pelas 11 horas ou no máximo 11h30. Depois que eu visitar meu parente, almoçaremos em algum restaurante e pegamos novamente a estrada entre 13h e 13h30 – falou ele. — Está bem para você, Andréia?

— Ronaldo, o carro é seu e a viagem também. Somos apenas caronas, e só temos que agradecer.

Deu partida, esperou alguns segundos e antes de partir. Tirou os chocolates de um saco e disse:

— Lisbeth, isso é para você. Só não coma tudo sozinha, reparta também com sua mamãe.

— Ora, Ronaldo! Para que isso? Já comemos no restaurante do hotel. Assim, iremos engordar muito — falou Andréia com aquele grande e luminoso sorriso.

— Então comam mais tarde, para não precisarmos parar muito na estrada.

— Obrigada, tio Ronaldo – falou a menininha, inclinando-se para frente para dar um beijo na lateral direita do rosto do homem.

— Opa! — disse ele rindo, enquanto arrancava o carro. — Já ganhei meu chocolate do dia.

SEIS

Sérgio continuava a dirigir em alta velocidade. E agora ainda mais, após ter ingerido outras três latas de cerveja. Entrou em uma curva com o velocímetro marcando 140 km/h, com o carro saindo de lado na pista molhada, mas principalmente devido aos pneus ruins. Com uma habilidade surpreendente, conseguiu controlar o veículo. Quando chegou a reta, deu de cara com um posto de polícia rodoviária cerca de cinquenta metros à frente.

— Praga! Não vi a placa anunciando o posto. Agora não vou conseguir diminuir. — falou alto para si mesmo. Acelerou ainda mais, tentando passar o mais rápido possível com a esperança de que àquela hora da madrugada o policial estivesse dormindo.

Para seu azar o patrulheiro estava na janela, fumando e torcendo para que seu turno acabasse logo. Escutou o ronco violento de um motor, e um veículo escuro saltou o quebra-molas na frente da construção, ao mesmo tempo que levava consigo uns dois ou três cones de sinalização. Edna, que não estava presa ao cinto de segurança, foi lançada para cima, batendo com a cabeça no teto.

— O que é isso, Sérgio? — gritou ela, ajeitando-se novamente no banco. — Quer me matar?

— Apareceu um quebra-molas sem aviso. Não vi. Mas agora já está tudo bem. Machucou-se? Eu lhe disse para colocar o cinto.

— Que cinto? Essa droga aqui não funciona direito. Um leve golpe e ele se solta. Acho que vai sair um galo em minha cabeça — respondeu ela, choramingando.

Mesmo não conseguindo ler a placa, o policial correu até o rádio para avisar os postos seguintes da rodovia.

— Atenção todas as unidades do Sudoeste em direção a Pato Branco. Respondam. Câmbio!

Luiz Antônio, que estava sentado lendo seu livro, ouviu o chamado e correu até o aparelho.

— Aqui unidade de Clevelândia. Sargento Luiz Antônio falando. Câmbio!

— Ok Sargento! Unidade de Cascavel. Temos uma ocorrência a informar a todos os postos até Palmas, provavelmente no sentido a Curitiba. Câmbio!

— Pode repassar! Câmbio!

— Um veículo escuro, que parecia um Opala, passou por aqui em alta velocidade dirigindo-se em sua direção. Câmbio!

— *Entendido, mas certamente passará nos postos de Francisco Beltrão e Pato Branco antes de chegar aqui. Avisou-os? Câmbio!*

— Não estão respondendo, mas vou continuar a chamar! Câmbio!

— Positivo! Ficarei atento! Câmbio final e desligo!

O sargento voltou a sentar-se ao lado da mesa, pensando que esse problema não seria seu. Afinal, havia dois postos antes do seu, além do trevo de Pato Branco nas direções à Guarapuava e Clevelândia, o que possivelmente desviaria o Opala completamente de seu caminho.

Quando amanheceu na sexta-feira, a chuva que começara na madrugada e depois havia parado voltou, embora fosse calma e fina, era insistente e acompanhada de um vento fraco do sul. Porém, era possível sentir que a temperatura estava caindo muito.

O sargento levantou-se novamente e foi pegar mais um café que havia feito durante a madrugada. Isso o mantivera alerta e afastara o sono, que ainda insistia em se manifestar. Aqueceu o café no forno de micro-ondas já que estava um pouco frio. Quando voltou à mesa, percebeu que o dia começava a clarear.

Nisso seu telefone celular começou a tocar. Olhou o número e verificou que era do outro patrulheiro, que deveria substituí-lo logo mais.

— Pois não, Carlos! Algum problema?

— Desculpe sargento, mas tem sim. Estou com minha mulher, a Rose, no hospital. Passou mal à noite por causa da asma. O senhor poderia me substituir hoje? Depois faço expediente extra no seu próximo turno.

Luiz Antônio consultou seu relógio: 6h15.

— OK. Estamos aqui nesta vida também para nos ajudarmos. Pode atender sua esposa, depois a gente acerta.

— Obrigado, sargento. Fico lhe devendo esta.

— Não se preocupe, homem. Atenda bem a Rose e pronto. Bom dia.

— Bom dia, sargento. Deus lhe pague!

Após desligar o telefone, Luiz Antônio lembrou-se que teria que avisar a sua mulher, para que ela não perdesse a viagem vindo lhe buscar. Mas era muito cedo. Ligaria ali pelas 7h30. Não queria acordar Ana Flávia.

Acendeu mais um cigarro e as recordações da infância e da juventude se fizeram presentes.

Luiz Antônio era filho único, sua mãe era viúva e trabalhava em uma escola pública como servente. Moravam na casa do avô, já morto, que a mãe recebera como herança, juntamente com outros dois irmãos dela, que haviam desistido da parte deles. Foram tempos muito difíceis e o rapaz ajudava como podia, trabalhando de engraxate em uma barbearia alugada na frente na própria casa da mãe. Os dois barbeiros, pai e filho, gostavam muito do garoto, principalmente pela educação que demonstrava e a ajuda que lhes dava varrendo o salão e recolhendo o lixo. Estava sempre pronto para fazer qualquer trabalho, quando não estava engraxando os sapatos dos fregueses, o que lhe permitia ir ao cinema nos finais de semana e também ajudar um pouco sua mãe.

A mãe morrera um pouco antes que ele entrasse na polícia militar, quando ainda estava no exército. Vendera a casa para um comerciante que pretendia construir um edifício no terreno. Mas, para sua surpresa, grande parte dos impostos estava atrasada, sobrando-lhe muito pouco do dinheiro após acertar tudo com a prefeitura local. Com sacrifício, havia cursado o ginásio (ensino básico de hoje), não porque fosse um mau aluno, mas principalmente pela dificuldade de adquirir o uniforme escolar e o material didático. Nas primeiras séries demonstrou facilidade para línguas (Latim, Francês e Inglês). Os colegas, além dos professores dessas disciplinas, achavam que ele se daria muito bem em uma dessas áreas.

Entretanto, as encruzilhadas da vida podem levar a destinos desconhecidos. E foi realmente o que aconteceu com ele. Não possuindo condições financeiras para estudar, teve que abraçar o que apareceu. Neste caso, a carreira militar da polícia rodoviária.

Enfim não reclamava, pois, olhando para baixo, via muitos colegas seus do tempo de ginásio que hoje eram operários mal pagos. Lógico, que muitos subiram bastante, se tornaram médicos, engenheiros, advogados e outras tantas profissões liberais. Além disso, apesar das dificuldades, ele estava com os dois filhos na universidade e um deles, praticamente formado.

Luiz Antônio resolveu fazer mais uma garrafa de café; serviu-se de uma xícara e dirigiu-se ao abrigo onde estava a viatura. O trânsito continuava calmo, todavia a chuva fina e agora uma neblina se mantinham persistentes. Olhou para seu relógio de pulso, verificando que teria mais de 24 horas pela frente.

Seu sonho de fazer alguma faculdade de ciências exatas, como engenharia, física ou matemática (havia demonstrado grande interesse por essa área), foi apenas isso: um sonho. Dois foram os motivos principais: primeiro, a cidade pequena onde nascera não possuía ensino superior. Aliás, até mesmo o segundo grau era restrito apenas a uma escola técnica de contabilidade em nível de ensino médio de hoje, além de outro na área de magistério, mais dirigido a formar professoras primárias. Segundo, ele não possuía dinheiro para se locomover para outro local e, mesmo que trabalhasse, não teria condições de fazer as duas coisas: trabalhar e estudar, pois geralmente os cursos eram diurnos, com horários alternados. Então só restava a carreira militar. Mas esta também era restrita a jovens que haviam cursado ao menos o segundo grau, o que não era seu caso, pois não gostava de contabilidade e, portanto, não fez o curso desse nível que havia em sua localidade.

Quando cumpriu o seu tempo obrigatório no exército, inscreveu-se na escola de polícia militar, visto que não tinha estudos para a academia de oficiais dessa força pública. Escolheu a polícia rodoviária, e não podendo mais estudar, foi subindo de posto lentamente, através de alguns raros concursos, ou de promoções, por tempo de serviço ou merecimento. Casara-se muito jovem, vinte e quatro anos, e isso, mesmo não parecendo, lhe travara ainda mais suas chances de estudar.

Enfim, havia muito tempo não se preocupava mais com o passado. Afinal, conseguira colocar dois filhos na universidade, que, embora pública, tinha excelente qualidade.

Consultou novamente o relógio e percebeu que estava na hora de ligar para Ana Flávia.

— Pois não, querido — falou ela, ao atender.

— Ana, aconteceu um pequeno problema aqui. Não precisa vir me buscar. O Carlos está com a mulher no hospital, uma crise de asma. Terei que substituí-lo. Apenas me traga o almoço, pois ficarei aqui por mais 24 horas.

— Que pena, querido. Você vai se esgotar com 48 horas diretas no trabalho.

— Não haverá problema. Devemos ajudar os amigos e ele tem tido muitas dificuldades com a doença da Rose. Quase todo o mês ela fica internada.

— Ok, maridão. Um pouco antes do meio-dia levarei uma marmita para você.

— Obrigado, menininha. Desculpe o transtorno.

— Também não há problema. Afinal devo alimentar meu homem, para que ele não fique desnutrido — disse ela rindo.

— Falou uma grande coisa, querida. Preciso mesmo me alimentar ou não dou conta de uma gata fogosa como você — falou brincando. — Beijos. Até mais!

— Até, querido!

SETE

Os três estavam viajando em silêncio havia cerca de uma hora, quando Andréia resolveu conversar.

— Você mora em Curitiba mesmo, Ronaldo?

— Sim! Há dez anos. Mas sou natural dessa cidade onde iremos passar: Clevelândia. Entretanto, trabalho em Curitiba, sou engenheiro elétrico, e sócio de uma pequena empresa de construções.

— Sua esposa ficou sozinha em Curitiba?

— Sou viúvo, Andréia, mas tenho uma filha que mora na Austrália, já casada. E também tenho um neto,

— Então você mora sozinho? — perguntou ela.

— Sim, há anos. Mas já me adaptei à vida de solteiro novamente.

Andréia olhou para o banco traseiro e observou que Lisbeth estava dormindo. Aguardou mais um minuto e virou-se para Ronaldo.

— Como eu disse antes, senti que você havia percebido que eu não estava esperando marido algum. Aquilo foi uma pequena mentira para não ser assediada a todo instante por desconhecidos. Gostaria de lhe contar algumas coisas sobre minha vida, se quiser ouvir, lógico.

— Andréia, você não precisa me contar. Não tem obrigação de falar nada de sua vida para mim. Só fale se quiser.

— Tudo bem, Ronaldo, eu quero falar. Quer ouvir?

— Você é quem sabe. Sou bom ouvinte – respondeu ele rindo.

— Sabe, Ronaldo, eu já o considero um amigo. Você foi muito gentil atendendo a mim e Lisbeth, em um momento em que estávamos um pouco perdidas e sem rumo. E, realmente, não sei o que faria se você não tivesse entrado em nosso caminho. Desculpe se o tratei mal no início. Eu estava com medo, afinal uma mulher sozinha em um restaurante durante a madrugada e com uma criança pequena, é uma presa fácil.

— Você agiu certo, Andréia. Não se pode confiar em desconhecidos.

— Vou lhe contar tudo desde o início. Só espero que você não se chateie comigo. Promete?

— Já que disse que sou bom ouvinte. Fale apenas o que acha que deve falar.

— OK! Obrigada.

Nasci em uma pequena cidade do Rio Grande do Sul e somos duas irmãs. Eu sou a mais nova. Nosso pai tem muitas posses, pode-se dizer que é um homem rico. Sempre fui tratada com muito mimo por ele e minha mãe. Estudei em um colégio de freiras e tive uma educação privilegiada, nunca me faltando nada. Quando completei dezenove anos, entrei para uma universidade particular, com as mensalidades bancadas pelos meus pais. Formei-me aos vinte e três em bioquímica e logo comecei a exercer a profissão, embora não tivesse necessidade de trabalhar. Mas ainda jovem eu tinha consciência que não poderia viver eternamente dependente de papai.

Fui trabalhar em um hospital de Porto Alegre, onde me dei muito bem com o pessoal. Havia um rapaz, em torno de uns vinte e seis anos que era radiologista e chama-se Jairo. Ele marcava presença em qualquer lugar onde estivesse. Nas reuniões mensais com o pessoal do hospital, ele se mostrava tranquilo, sempre quieto em seu lugar, a não ser quando era solicitado a falar. Lembro-me muito bem da primeira vez que ele tomou a palavra sem pedirem. Estávamos com um problema para descartar o lixo hospitalar, pois a empresa responsável havia falido e não indicou ninguém para substituí-la. Visto que o processo de licitação para contratar outra empresa era algo demorado e burocrático, precisávamos urgentemente resolver esse problema. Estávamos ali justamente para encontrar uma solução. Então o diretor pediu sugestões a qualquer um que tivesse uma ideia. Depois de várias opiniões, inclusive de incinerar o lixo, Jairo se manifestou:

Possuímos um depósito grande e vazio nos fundos do hospital. Certo? — falou ele. — Aliás, tem alguns móveis velhos e descartados que estão apenas ocupando espaço. Vamos colocá-los para fora e usar o local para armazenar esse lixo em sacos plásticos resistentes, até que outra empresa de limpeza assuma o serviço. Lógico, será apenas uma solução provisória que poderá resolver o problema por cerca de um mês.

Era uma solução paliativa tão simples que pareceu estranho que ninguém houvesse pensado naquilo. A partir daquele momento, comecei a olhá-lo de outra maneira. Não porque tivesse dado uma solução momentânea para o nosso problema do lixo hospitalar, mas pela forma como ele foi simples e objetivo sem querer aparentar arrogância ou orgulho.

Continuamos a nos cruzar pelos corredores e observei que ele tinha um olhar diferenciado para mim. Aliás, me olhava, o que não fazia com nenhuma outra funcionária do hospital. Ele era muito assediado pelas mulheres solteiras que o olhavam com grande interesse, pois era um homem alto, bonito e elegante. Entretanto, ele parecia não perceber ou disfarçava que não via.

Uma tarde de sexta-feira, já no fim do expediente, ouvi uma leve batida na porta do laboratório. Achei estranho, pois o pessoal que me trazia as amostras para que eu as examinasse não costumava se anunciar. Mesmo assim, dirigi-me até a entrada e abri-a. Lá estava Jairo, com um sorriso lindo nos lábios, o que estranhei, pois ele raramente fazia isso: sorrir.

— Boa tarde, Andréia — disse ele. – Já encerrou seu trabalho?

— Quase — respondi. – Falta apenas digitar o último exame. Por quê?

— Gostaria de conversar um pouco com você, se for possível.

— Está certo. Se aguardar uns dez minutos...

Continuei o meu trabalho e pelo canto do olho observei que ele se encontrava encostado no batente da porta aberta de braços cruzados e com o olhar fixo em mim.

Quando terminei, guardei o material de trabalho, tirei o jaleco branco e olhei para o rapaz.

— Pois não, senhor Jairo. O que quer conversar?

— Por favor, não me chame de senhor. Somos colegas há vários meses e acho que podemos nos tratar sem cerimônias. Gostaria de convidá-la para tomarmos um café na lanchonete, aí na frente.

Olhei mais atentamente para o seu rosto e conclui que provavelmente estava querendo me paquerar. Então, entrei no jogo e disse:

— Tudo bem, desde que não demoremos muito, pois moro longe e os ônibus ficam muito lotados neste horário.

— Prometo não atrapalhar sua volta para casa.

Dirigimo-nos à lanchonete que estava praticamente cheia, mas mesmo assim encontrarmos uma mesa vaga. Então ele perguntou:

— Café mesmo, ou outra coisa?

— Apenas café.

Enquanto esperávamos, ele novamente me presenteou com aquele sorriso cativante.

— Esta é a primeira vez que conversamos. Você não é muito social — disse ele.

— Por que diz isso?

— Nunca vi você conversando com o pessoal que trabalha no hospital. Apenas assuntos sobre o trabalho.

— É minha maneira de trabalhar. Não gosto de envolver trabalho com amizade, pois geralmente prejudicam o andamento das coisas.

— Somos parecidos. Também não me envolvo com os colegas. Mas sinto falta, pois sou um solitário.

— Como assim? – perguntei.

— Sou um solteirão incorrigível e moro sozinho. Tenho apenas uma irmã, que mora com nossos pais. Portanto, minha diversão é o trabalho e a televisão.

— Não acredito que um homem jovem como você não tenha uma companheira, ou uma namorada. Observei a maneira como algumas funcionárias olham quando você passa — respondi rindo.

— Na verdade eu percebo, mas não gosto de mulheres que assediam, mesmo que isso seja apenas com o olhar. Sou muito tímido e prefiro eu mesmo procurar alguém para conversar ou me relacionar.

Fiquei pensando por alguns instantes no que ele havia me dito, mas não quis fazer um julgamento precipitado, pois ainda era muito cedo para isso e meu conhecimento sobre ele era limitado apenas ao trabalho.

Terminamos o café e nos despedimos na porta de saída. Dirigi-me ao ponto de ônibus e confesso fiquei um pouco impressionada com aquele rapaz. Se, realmente, era verdade o que havia me contado, ele era realmente alguém diferente, com problemas de sociabilidade.

Nossas vidas no hospital continuaram da mesma maneira que antes, Só que agora nos cumprimentávamos e algumas vezes conversávamos rapidamente nos corredores.

Uma tardinha, cerca de dez dias após o café na lanchonete, novamente ele apareceu na porta de meu laboratório.

— Então Andréia? Muito ocupada hoje?

— Hoje até que não. Por quê?

— Queria convidá-la para um jantar, se você confiar em mim, lógico.

Olhei-o diretamente nos olhos e com um leve sorriso, respondi:

— Depende quando e onde.

— Que tal hoje mesmo?

Pensei um pouco e lembrei que realmente eu nada tinha para fazer de especial em casa.

— Só que eu terei que ir até minha casa, tomar um banho e trocar a roupa de trabalho. A que horas você pretende ir?

— Ali pelas vinte e uma horas. Pode ser?

Como ainda não eram dezoito horas e eu já estava me preparando para sair e ir ao meu apartamento e embora não fosse perto, concluí que teria tempo suficiente.

— Muito bem, façamos o seguinte: aguardo você ali pelas 20h45min não podemos voltar muito tarde. Amanhã teremos de trabalhar.

— Tudo bem. E onde posso pegá-la então?

Passei-lhe o endereço e ele se retirou. Logo em seguida, saí do trabalho e fui me preparar.

No horário combinado ele estava me esperando na calçada em frente ao meu prédio, vestindo um terno cinza claro, uma camisa azul e uma gravata vermelha. Beijou-me na face e me tomou pela mão, indo em direção a um carro preto, estacionado alguns metros à frente. No que entramos, comentei:

— Não sabia que você tinha um automóvel.

— Na realidade não é meu, mas de meu primo mais velho que hoje está em sua casa meio engripado e não vai sair.

Chegamos a um restaurante italiano, não muito distante. Como era uma terça-feira, não estava muito lotado conseguimos uma mesa em um canto enquanto um jovem loiro, com uniforme branco se dirigiu a nós.

— Boa noite. Sejam bem-vindos — falou o rapaz deixando dois menus sobre a mesa. —Enquanto escolhem, querem alguma bebida?

— Por favor, Andréia. Tem alguma opção?

Escolhi vodca com suco de laranja, enquanto ele pediu a mesma coisa. Acabamos também escolhendo dois tipos de lasanha, arroz branco acompanhados de salada de alface com tomates e rúcula, além de vinho tinto seco.

Durante o jantar a conversa girou em torno de amenidades, nada de interessante. Apenas sobre trabalho, o clima e a política que envolvia o país. Finalmente ele entrou no assunto, que eu já esperava.

— Andréia, eu sei que você não é casada. Entretanto, não sei se tem namorado.

Ri da curiosidade dele, que certamente era uma forma de se aproximar.

— Não tenho, mas também não pretendo namorar no momento.

— Por quê?

— Estou muito envolvida com meu trabalho e meu tempo social é pequeno. Talvez mais tarde eu pense no assunto.

— É uma pena, pois estou querendo namorar você.

Olhei para ele e percebi que realmente estava falando sério.

— Olha, Jairo, você é um homem muito requisitado pelas mulheres e tem uma grande quantidade de fãs. Portanto, eu seria sua última opção.

— Não é verdade, Andréia. Já lhe disse que não gosto de ser assediado e você me parece uma pessoa séria, trabalhadora, que provavelmente nem sequer conhece direito seus colegas de trabalho. Aliás, nunca a vi conversando com nenhum rapaz, a não ser estritamente sobre trabalho. Por isso que me interessei por você, além de ser uma moça muito bonita. Eu pretendo algo sério, nada de passatempos, se é que você me entende.

— Se de fato isso tudo é verdade, seria algo a ser pensado – comentei.

— Pois então, Andréia! Que tal você pensar com carinho em minha proposta?

— Me dê um pouco de tempo, Jairo. Prometo a você que pensarei em tudo que você me disse.

Conversamos mais um pouco, principalmente sobre o trabalho, e ali pelas vinte e três horas ele me levou para casa.

Nos dias que se seguiram, nos encontramos várias vezes pelos corredores do hospital, até que uma tarde ele foi à minha sala e convidou-me novamente para jantar. Aceitei e desta vez fomos a um restaurante diferente, tipo vegetariano. Enquanto comíamos, após uma longa conversa banal, ele retornou ao assunto do último jantar:

— Então, Andréia? Pensou em minha proposta?

— Sim, Jairo, vamos experimentar. Afinal o que temos a perder? Somos livres, sem compromissos. Por que não?

Vi o grande sorriso estampado em seu rosto e conclui que já estávamos envolvidos.

Namoramos por cerca de seis meses, noivamos e marcamos o casamento para outros seis meses depois.

No dia de nosso casamento estavam presentes meus pais e os dele, além de nossos colegas mais chegados do hospital. Fomos comemorar em um grande restaurante, com toda a família, os padrinhos e amigos. Ambos conseguimos licença por uma semana do trabalho e partimos para um hotel de campo, onde alugavam cabanas. Foi uma lua de mel maravilhosa, pois eu estava apaixonada e ele também aparentava o mesmo.

Voltamos para Porto Alegre e fomos morar em meu apartamento, como havíamos combinado, dividindo o aluguel e as despesas dele.

Nossas vidas se tornaram rotineiras, entre o trabalho e restaurantes, cinemas, teatros e compras em shopping durante alguns finais de semana. Tínhamos uma vida de classe média e recebíamos os amigos mais chegados, além de seus pais e dos meus, que acabaram residindo na capital. Fazíamos almoços aos domingos em nosso apartamento ou na casa deles.

Tudo corria normalmente, quando seis meses depois engravidei de Lisbeth. Foi uma gravidez complicada. Tive várias ameaças de aborto, o que me obrigava a tirar várias licen*ças no trabalho. Enfim* consegui superar e nove meses depois nasceu essa menininha que é minha grande razão de viver. Lisbeth nasceu com 3,2 kg, de parto normal, e eu a amamentei no peito por quase um ano. Ela rapidamente pegou mais peso e cresceu saudável e forte. É uma criança muito inteligente, mas um pouco tímida.

Como eu disse anteriormente, nossas vidas continuaram rotineiras. Trabalho, visitas dos parentes, alguns jantares fora de casa, algum filme em lançamento, ou mesmo alguma peça de teatro de alguma companhia de passagem pela cidade; isso quando minha mãe ou a dele se dispunham a servir de babás de Lisbeth. Aliás, durante os dias úteis da semana, quando ambos trabalhávamos, as avós se revezavam no atendimento da menina. Mas não queríamos abusar da bondade delas, usando-as também à noite.

Uma tardinha, ao final do expediente, ele me comunicou que gostaria de ir comemorar o aniversário de um amigo em um bar nas proximidades. Lógico que não contestei, afinal, ele era bastante caseiro e nunca saía, a não ser comigo.

Ali pelas duas horas da madrugada, ouvi a chave girar na porta do apartamento, pois ainda estava sem sono, lendo um livro.

— Está acordada esta hora? — perguntou ele entrando em nosso quarto. – Ou quer me controlar? Ninguém, nem mesmo meus pais fizeram isso quando eu era adolescente. — Falava com a língua enrolada e mal se mantendo em pé.

Resolvi não contestar e deixar que ele estivesse sóbrio, quando esperava ter uma conversa séria com ele. Decidi fazer um café preto e amargo enquanto ele estava meio sentado e meio deitado no sofá. Quando cheguei perto com a bebida, ele simplesmente deu um safanão em minha mão lançando tudo no tapete da sala, inclusive queimando-me no braço. Assustei-

-me e corri para nosso quarto, fechando-me à chave. Logo em seguida ele começou a bater com violência na porta e a gritar ao ponto de finalmente acordar Lisbeth, que, assustada, começou a chorar desesperadamente. Fui obrigada a sair para atender a criança. Quando abri a porta, ele continuava com os olhos injetados e fedendo álcool insuportavelmente, como se tivesse bebido ainda mais. Empurrou-me de volta, dando-me um tapa violento rosto.

— Vadia, onde pensa que vai? Fique aqui. Sou seu marido e mando em você.

No desespero consegui escapar por baixo de seus braços, aproveitando-me de sua dificuldade em se manter em pé. Corri para o quarto da menina e consegui fechar a porta, atirando-me na cama junto com ela. Ela me agarrou aos prantos e tentei acalmá-la, embora eu também estive chorando, porém silenciosamente. Logo ele chegou à frente da porta e disse:

— Vou arrebentar essa droga e te moer a pau, sua vadia.

Eu não tinha um telefone para pedir ajuda. O fixo estava na sala, e meu celular se encontrava em nosso dormitório, o que tornava inviável esses recursos. Entretanto, o vizinho do apartamento ao lado acordou e tocou a campainha da entrada.

— O que está acontecendo aí? Se esse barulho não parar, vou chamar já a polícia. Ouvindo essa palavra, imediatamente ele ficou quieto. Mais tarde cheguei à conclusão que ele não estava tão bêbado assim, pois se acalmou rapidinho com a menção da palavra "polícia".

Naquela noite fiquei na mesma cama junto com Lisbeth, e não consegui dormir. No dia seguinte, antes de ele acordar, levantei-me, arrumei um pouco das minhas roupas e as de Lisbeth em duas mochilas e partimos para a casa de meus pais. Obviamente não fui trabalhar naquela manhã,

Apenas mamãe se encontrava, visto que papai havia ido até o supermercado. Ela imediatamente percebeu que algo não estava certo. Entretanto, nada perguntou e se limitou a comentar o que eu fazia ali àquela hora da manhã e porque não fora trabalhar. Aleguei uma forte dor de cabeça, o que não deixava de ser verdade e pedi permissão para me deitar no quarto de hóspedes. Todavia, Lisbeth ficou na cozinha com ela e, lógico, comentou tudo o que havia acontecido na noite anterior.

Quando papai retornou, era próximo às 11 horas. Levantei-me ao ouvir sua voz feliz ao abraçar e conversar com a neta. Quando me viu, *já foi logo perguntando:*

— O que aconteceu que não foi trabalhar?

— Ela não está bem, Josué! Ficará hoje aqui conosco.

Papai me olhou desconfiado, mas não disse nada, embora percebesse o leve inchaço em meu rosto devido à agressão que eu havia sofrido. Mesmo do quarto onde voltei a deitar-me, ouvi papai dizer:

— Maria Lúcia, essa história não está bem contada. Tem muita coisa escondida. Eu percebi o inchaço no rosto dela. Aposto que ele a agrediu. Nunca gostei desse sujeito. Agora se confirmaram minhas suspeitas.

— Deixe, Josué. Quando ela quiser, nos contará o que realmente aconteceu.

Passei todo aquele dia na casa deles. Quando a noite começou a se aproximar, tive que tomar uma decisão: afinal não poderia dormir ali, pois tinha que ver como estava a situação em nossa casa, e depois papai, que já estava todo eriçado, iria querer saber toda a verdade. Eu não estava a fim de contar, pelo menos não naquele dia. Mamãe, por outro lado, *já sabia grande parte da história: a que Lisbeth contara. Ela foi compreensiva e não me perguntou nada. Esperou que eu tomasse a iniciativa. Mas também com ela eu não me* abri. Estava envergonhada. Eu queria conversar com eles, mas em outro momento, quando minha cabeça estivesse mais fria.

****

As horas estavam passando e eles, após atravessarem uma ponte um tanto grande, se aproximaram de uma cidade. Andréia resolveu interromper seu relato.

— Que cidade é essa, Ronaldo?

— Chapecó, em Santa Catarina. Esse rio que acabamos de passar chama-se Uruguai e é a divisa dos estados de Santa Catarina e Rio Grande do Sul. A cidade aí na frente é um polo econômico do estado, muito desenvolvido. Sua economia é baseada principalmente na pecuária e em grandes frigoríficos, como Aurora e a Sadia, que são grandes fornecedores de carne de suínos frangos e outros produtos para o Brasil e exterior. Mas era uma cidade muito pequena, até início dos anos 1960, quando o governo do estado resolveu criar uma espécie de segunda capital no Oeste Catarinense. A finalidade era desenvolver toda a região, que estava esquecida pelo litoral, onde o desenvolvimento era bem mais significativo. Foi um tiro no escuro, que acertou na "mosca". O progresso foi imediato e a cidade cresceu, tornando-se a terceira do estado. Além disso, o exército brasileiro resolveu criar uma unidade militar em São Miguel do Oeste, com cerca duzentos homens, que, além de defender a fronteira do Brasil, reforçou o comércio e a agricultura, tornando a região ainda mais forte economicamente. Essa cidade fica a oeste de Chapecó, cerca de cem quilômetros daqui.

— Clevelândia, está próxima? – perguntou ela novamente.

— Não sei exatamente, mas acredito que entre 80 e 100 quilômetros.

Estavam bastante atrasados, conforme a previsão que ele havia feito ao saírem. Mais por causa da chuva que voltara a castigar a região e também pelo intenso tráfego de caminhões em ambos os sentidos da rodovia.

— Acho que teremos que almoçar na próxima cidade. Chegaremos a Clevelândia após do meio-dia e certamente os restaurantes já estarão fechados – comentou ele.

— Por mim, não precisamos comer nada. Afinal, tomamos um bom café pela manhã — disse ela — e Lisbeth encheu a barriguinha de chocolate.

— Bobagem, Andréia, Lisbeth está em fase de crescimento e deve se alimentar com regularidade.

— Falando nela, já está acordada, com os ouvidos atentos – disse ela. — E daí, filhinha? Descansou bastante?

Ela se esticando toda, olhou pela janela e depois de um bocejo, comentou:

— Estou com fome, mamãe.

— Nossa, que saco sem fundo. Você se alimentou bem pela manhã, menina. O que é isso?

— Deixe-a, Andréia. É criança e, como eu disse, está em fase de crescimento. Precisa comer a todo instante.

E dirigindo-se à criança, comentou:

— Calma, querida. Só mais uma meia hora e almoçaremos.

— Ronaldo, você vai deixar essa menina mal-acostumada e gorda — falou a mãe, novamente com aquele belo sorriso.

A chuva havia parado, e apenas nuvens pesadas e um vento frio que vinha do sul se destacavam naquela manhã de inverno. Entretanto, o movimento de veículos continuava intenso, principalmente de grandes caminhões. Ele agora dirigia com o dobro de atenção e cuidado, sabendo que, além de sua vida, havia mais duas, pelas quais era responsável.

Resolveu passar pela parte central da cidade, para que elas ao menos tivessem uma noção do lugar. Havia uma avenida que atravessava o lugar de sul a norte, passando pelo centro. Era uma cidade bem arborizada, com muitos prédios e também com um movimento intenso. Andréia perguntava a

Ronaldo sobre alguns pontos da cidade, o que ele mal podia responder, pois não conhecia muito bem aquela metrópole. Quando finalmente chegaram ao outro lado, ele olhou no relógio e verificou que ainda faltavam uns 30 minutos para o meio-dia.

— Agora mais um pouco e estaremos em Clevelândia. Mas almoçaremos em Xanxerê, um pouco à frente — comentou.

— Você quem decide, Ronaldo, mas por mim não precisava.

— Como você disse, Andréia, eu decido. Então almoçaremos nessa cidade e assunto encerrado - respondeu ele rindo.

No céu, o sol, desesperado, tentava vencer as nuvens, enviando em vários momentos seus raios fortes que lutavam contra a chuva que novamente caía, agora mais fina.

Xanxerê era uma cidade bem menor que Chapecó, mas também tinha sua graça. Bem arborizada, com uma avenida central, larga e repleta de jardins centrais, não deixava de possuir seu charme.

— Parece uma cidade acolhedora — comentou Andréia.

— Sim! Tem um povo hospitaleiro e altamente produtivo, principalmente agricultura e suinocultura.

No centro da localidade, Ronaldo escolheu um restaurante com cardápio e estacionou o carro na única vaga que havia. Desceram os três, com Lisbeth agarrada no braço do homem, como se este já lhe pertencesse.

— Nossa. Este restaurante parece caro, Ronaldo — falou Andréia.

— Não se preocupe com isso. Sou eu quem vai pagar a conta, você e Lisbeth são minhas convidadas. Só têm que comer.

— Juro para você que logo que chegarmos a Curitiba pagarei toda a despesa que teve conosco.

— Pare, Andréia. Você só pensa em dinheiro? Não estou cobrando nada e certamente não cobrarei quando terminarmos esta viagem.

— Ah, não. Isso eu não admito. Pagarei tudo, sim senhor.

— Ok! Agora vamos entrar e escolher uma mesa. O assunto de dinheiro já está ficando chato.

Era um restaurante de porte médio. Não estava com lotação completa, mas o cheiro da comida era atrativo.

OITO

O rapaz do Opala continuava a dirigir em alta velocidade, só que agora a moça estava acordada, enrolada no cobertor e fumando um cigarro. Não trocavam palavras e ela olhava distraída pela janela, enquanto o dia começava a despontar ao leste.

Entretanto, Sérgio começava a demonstrar cansaço após o grande número de horas acordado. Virou-se para a companheira e disse:

— Acho melhor pararmos um pouco em um posto de gasolina com uma lanchonete ou restaurante para tomarmos um café. Quem sabe você quer dirigir, enquanto eu durmo um pouco?

— Negativo, Sérgio. Este carro velho caindo aos pedaços eu não pego não.

— Então, só nos resta a primeira opção. Não estou mais aguentando. Podemos perder uma hora ou mais, mas não importa, visto que já passamos da metade da viagem.

Logo um posto de combustíveis apareceu no lado direito da rodovia. Quando estacionou sob uma grande cobertura, ele percebeu que anexa havia uma loja de conveniências.

— Edna, você quer descer para comer ou beber alguma coisa? Eu ficarei aqui e vou tentar dormir um pouco. Ah, não precisa me trazer nada para comer, só mais um pouco de cerveja para quando eu acordar.

— OK! — respondeu a moça. Vou achar qualquer tipo de salgado e pegar uma caixa de "loira gelada".

Enquanto ela saiu batendo a porta, ele inclinou o banco, puxou o cobertor e, quase instantaneamente, pegou no sono. Acordou com o barulho da moça batendo novamente a porta ao entrar.

— Nossa! Já voltou?

— Faz mais de duas horas que você está dormindo. Precisamos continuar, Sérgio.

— Nossa! Dormi tanto assim? Que horas são?

— Já passa das dez horas — respondeu ela.

Sérgio espreguiçou-se no banco, ligou a ignição e percebeu que o marcador de combustível (que inacreditavelmente ainda funcionava) acusava um pouco menos de meio tanque.

— Vou completar o combustível, para não termos que parar tão cedo novamente. — falou ele. — Este carro bebe mais do que nós dois juntos. Ah, pegou a cerveja?

— Está no banco de trás. Quer uma agora?

— Depois que estivermos na estrada. Enquanto enchem o tanque, vou aproveitar para ir ao sanitário.

Encostou o veículo na bomba e pediu para o atendente completar. Saiu do carro enquanto Edna se espichava no banco, puxando o cobertor para si, mas não sem antes de colocar duas latas da bebida, no console do carro, ao lado do freio de estacionamento.

Quando ele retornou, uns quinze minutos depois, a moça já estava dormindo outra vez.

Pagou o frentista com o cartão de crédito da moça, deu partida no veículo e partiu novamente em alta velocidade, como se tivesse um compromisso inadiável no final da viagem. O sol estava se tornando mais presente, enquanto o dia avançava. Consultou novamente o relógio, e concluiu que só chegariam a Curitiba no final da tarde.

Abriu uma cerveja e então lembrou que não havia comido nada nas últimas doze horas. Arrependeu-se de não pedir para que Edna lhe comprasse algum lanche, por mais simples que fosse. Mas, enfim, ao meio-dia poderiam parar em algum restaurante e almoçar ou pegar um lanche mais reforçado.

Sérgio, apesar do uso da droga e do álcool, começava a sentir os efeitos das longas horas dirigindo e sem se alimentar. Embora tivesse dado uma cochilada no último posto, percebeu que o sono e o cansaço o estavam pegando. "Talvez", pensou ele, "as cervejas é que estão causando isso", pois por experiência própria sabia que os cigarros de maconha tinham efeito contrário. Isto é, deixavam o usuário mais agitado.

NOVE

Ronaldo e suas passageiras terminaram de almoçar, ele pagou a conta e voltaram ao carro para continuarem a viagem. O tempo havia dado uma melhorada, mas as nuvens *stratocumulus* continuavam presentes.

— Penso que teremos tempo instável até Curitiba — falou ela.

— E então, Andréia? Quer continuar sua história?

— Você não se cansou ainda, Ronaldo?

— Na realidade, estou muito curioso para ver como você resolveu isso.

— Não resolvi como você está vendo. Apenas empurrei o problema para frente. Mas vou continuar então, para que tudo fique esclarecido já que iniciei esta história. Mas antes vamos esperar Lisbeth voltar a dormir — falou ela baixinho enquanto olhava pelo seu espelho a menininha que já dava sinais de sono.

Quinze minutos depois a criança dormia no banco traseiro, ressonando alto. Andréia então recomeçou sua narrativa:

— Voltamos para casa quando a noite já havia se iniciado. Abri com cuidado a porta do apartamento e percebi que se encontrava tudo às escuras. Ele não estava. Suspirei aliviada, pois fiquei com um pouco de receio de encontrá-lo e novamente as agressões verbais e físicas continuarem. Fui para o quarto de Lisbeth, mas não tranquei a porta. Arrumei-a na cama e sentei-me ao seu lado, esperando ele chegar.

Não demorou muito e ouvi o barulho da chave na entrada do apartamento. Acendeu a luz e foi direto para nosso quarto. Chegando lá, escutei o interruptor das luzes ser ligado e logo em seguida seus passos vindos para onde estávamos. Abriu a porta, colocou a cabeça para dentro e, vendo-me, falou:

— O que é isso, querida? Por que não foi trabalhar hoje e está fechada aqui, no escuro?

Olhei para ele, pensando se esse era mesmo o homem que causara todo aquele pandemônio na noite anterior. No início fiquei sem palavras e ele insistiu.

— Está doente? O pessoal no serviço estava preocupado. Liguei para o seu celular e para o telefone fixo diversas vezes durante o dia. Não consegui sair e vir até aqui, pois apareceram muitas radiografias, devido a alguns acidentados que chegaram. Fiquei também muito preocupado e não via a hora de voltar e ver o que tinha acontecido.

Olhei novamente para ele, que agora tinha acendido as luzes do quarto.

— Você não lembra mesmo, Jairo?

— Lembrar o quê? Recordo apenas que hoje cedo quando acordei vi que você, Lisbeth e o carro não estavam. Imaginei que tinha ido para a casa de seus pais, levar a menina e depois direto para o trabalho. Quando cheguei lá, e não a vi, comecei a pensar que algo ruim tivesse acontecido. Mas também pensei que talvez você tivesse ido ao supermercado ou outro lugar qualquer, antes do trabalho. Com o passar do tempo, acabei ficando cada vez mais preocupado e comecei a ligar, primeiro para o celular, depois para o fixo. Como não atendia, a preocupação aumentou. E ainda aconteceu aquela emergência com os acidentados e não consegui sair.

Fiquei quieta e nada respondi. Eu precisava pensar e ver se realmente ele não lembrava nada.

— E então, Andréia? Não vai me contar?

— Na realidade fui à casa de mamãe. Ela esteve adoentada e não pude avisá-lo, pois esqueci meu celular aqui — menti.

— Mas o telefone de sua mãe? Por que não o usou para me avisar? Eu não tenho o número arquivado e por isso não liguei para ela.

— O telefone deles está com um problema. Um caminhão com a carga muito alta arrebentou os cabos na rua e a companhia telefônica *não tinha ido arrumar até eu sair de lá.* E eles não possuem celular, você sabe. — Continuei com a mentira.

— E como ela está? Qual era o problema?

— Uma fortíssima enxaqueca, mas papai chegou, tinha viajado, e ficou com ela. Estava melhor quando saí.

— Ótimo então. Você já comeu?

— Fiz um lanche na casa deles. Não estou com fome.

— Pois eu estou. Faz alguma coisa para mim?

Levantei-me da cama e perguntei o que ele queria comer.

— Que tal omelete? *É mais rápido e não dá tanto trabalho.*

Quando ele terminou, lavei a pouca louça que havia sujado, sem emitir uma única palavra.

— Vamos dormir agora, querida? Estou cansado e você também deve estar.

— Jairo, a Lisbeth está com um pouco de febre e eu vou ficar com ela até que melhore. Vá você, quando puder eu vou. — Continuei com a mentira, pois não seria capaz de deitar-me com aquele homem. Não naquela noite.

Fiquei ao lado dela na cama estreita, sem ao menos tirar minha roupa do corpo. Demorei muito para conciliar o sono. Quando acordei, estava amanhecendo. Fui até o quarto do casal e peguei roupas limpas, enquanto ele dormia. Tomei um banho quente e quando saí do banheiro, ele já havia levantado. Cumprimentei-o com um leve aceno da cabeça e fui acordar Lisbeth. Iria levá-la na casa de meus pais. Dei-lhe um banho rápido, enquanto ela resmungava de preguiça. Coloquei-lhe roupas limpas enquanto Jairo permanecia quieto na mesa, comendo uma torrada de pão com queijo. Não foi nem capaz de perguntar pela filha. Eu não comi nada e me preparei para sair. Ele levantou-se e disse que iria junto, aproveitando nosso velho carro. Deixei a menina na porta da casa de mamãe e nos dirigimos ao hospital. Nada falamos durante o caminho

O dia transcorreu agitado, com muitos exames atrasados para fazer, resultado de minha falta ao trabalho no dia anterior. Quando o expediente terminou, dirigimo-nos para buscar Lisbeth. Foi então, antes de pegarmos nossa filha, que ele finalmente falou.

— O que está acontecendo, Andréia? Você não falou comigo o dia todo. O que eu fiz?

— Você realmente não sabe, Jairo?

— Não tenho a mínima ideia do que você quer dizer.

— Não lembra nada de quarta-feira, à noite? Como você chegou a nossa casa e como se comportou? Por favor, Jairo. Não despreze minha inteligência.

— Juro para você que não sei de nada. Sei apenas que fui ao aniversário de um amigo, tomei algumas cervejas e mais nada.

— Ora, Jairo. Não banque o esquecidinho. Você chegou bêbado, me agrediu e me ofendeu com palavras de baixo calão, além de fazer um barulho dos infernos no apartamento. Acordou o vizinho que ameaçou chamar a polícia. E então, quando ele gritou isso na porta, você se acalmou. Como que você estava tão inconsciente devido à bebedeira se, ao ouvir a palavra "polícia", você parou com toda a confusão que estava fazendo?

— Juro por todos os santos que não lembro nada. Juro pela minha mãe e pela nossa filha. Apenas recordo que me colocaram em um carro e que acordei na cama, sem você ao meu lado. Será que fiquei com amnésia? Ou entrei em coma alcoólico? Por favor, acredite em mim. Se isso realmente aconteceu, eu lhe peço perdão com toda a sinceridade. Com todo o meu coração.

Percebi que não adiantava ficar insistindo nessa tecla e me calei. Pegamos a menina na casa da avó e voltamos para a nossa. Quando chegamos, preparei um lanche rápido para nós e, depois de lavar a louça, dirigi-me para o quarto de Lisbeth. Então Jairo disse:

— Não vai dormir em nosso quarto?

— Acho que hoje é melhor não. Talvez amanhã eu esteja mais calma e confiante. Vamos ver.

E assim a semana transcorreu. Eu não indo dormir com ele e também não lhe dirigindo a palavra, apenas o necessário. Nesse tempo todo, mamãe veio nos visitar duas vezes e eu percebi que ela estava sondando as coisas. Nessas alturas, havíamos conseguido uma escola com tempo integral para Lisbeth e ela não precisava mais ficar uma parte do tempo com a neta. Tentei evitar entrar no assunto com minha mãe, principalmente porque Jairo estava sempre por perto. Mas notei que ela havia percebido que o clima não estava bom e evitou puxar conversa sobre isso. Aliás, minha mãe sempre foi muito discreta e não gostava de se envolver na vida dos filhos.

Finalmente, após uns vinte dias eu voltei a dormir com Jairo e fizemos amor umas duas ou três vezes em uma semana. Ele continuava carinhoso e muito atencioso.

Resolvi esquecer o incidente e me dedicar ao trabalho e a vida familiar. Assim, passaram-se cerca de seis meses. Parecia que aquilo havia sido esquecido definitivamente.

Em abril deste ano, um sábado à noite, fomos convidados para uma festa de aniversário de casamento de um casal de amigos, que moravam em outro bairro, não muito distante. Deixamos Lisbeth com os pais dele e nos dirigimos para a casa desses amigos, ainda cedo da noite, pois seria um jantar. Além de nós, havia umas cinco pessoas sozinhas, e mais um casal. Algumas formavam pares, menos uma mulher bonita e jovem que estava muito alegre e falante com todos os presentes. A festa transcorreu alegre e com muita bebida destilada antes do jantar, que, aliás, estava muito gostoso. Eu e Jairo sentamos à mesa lado a lado, enquanto a moça bonita sentou-se à nossa frente. Em um dado momento, depois que o prato principal foi servido, eu me virei para meu marido para pedir que me servisse uma taça de vinho, e, quando o observei, ele estava com o olhar preso na mulher de nossa frente. Virei o rosto para ela e notei que também o fixava com um sorriso convidativo. Levei um choque até me recompor e tocar no braço de Jairo, para chamar sua atenção. Ele, percebendo que eu havia visto a cena, vermelhou e meio gaguejando, perguntou:

— O *que foi*, querida?

— Pode me dar atenção e me servir um pouco de vinho?

— Claro! É para já. Desculpe!

Voltei a concentrar-me em meu prato, mas mesmo com a cabeça baixa eu tentava flagrar alguma coisa. Nada mais ocorreu, até o final da festa, quando todos estavam se retirando. Então, ela chegou-se até nós dois e disse:

— Boa noite, queridos. Durmam bem. Deu-me um beijinho no rosto e outro no de Jairo. Uma atitude no mínimo estranha, para uma pessoa que nem sequer era conhecida minha e com quem eu não havia trocado uma palavra sequer.

Enfim, deixei passar. Não adiantava mesmo ficar tentando tomar satisfações com Jairo, se é que realmente ele tinha algo a falar a respeito dessa mulher. Mas era evidente que tinha. Os olhares entre eles durante o jantar, no mínimo, significavam que ambos já se conheciam.

****

Andréia parou sua longa narrativa exatamente no momento em que uma viatura da polícia estava atravessada na pista com o alerta e os faróis acesos. Não haviam percorrido dois quilômetros após saírem de Xanxerê. Um policial rodoviário saindo do carro fez sinal para que eles encostassem. O guarda aproximou-se.

— Boa tarde. O senhor está indo para onde, cidadão?

— Boa tarde, policial. Para Clevelândia. Algum problema? — perguntou Ronaldo.

— Sim. A estrada está interditada a uns cinco quilômetros daqui. Houve uma queda de barreira, devido à chuva. Terão que voltar e entrar no trevo de Chapecó, em direção a Vitorino. Ficará mais longe, mas é a única forma.

— Que droga. Isso vai nos atrasar muito mais. Mas por esse caminho está garantida a passagem? — perguntou novamente Ronaldo.

— Sim, pelas informações que temos, a rodovia está em boas condições.

— O jeito é voltarmos, Andréia. — E virando-se para o guarda: — Boa tarde e obrigado, policial.

— Boa tarde e boa viagem, senhor.

Ronaldo fez meia-volta com o carro e se dirigiu ao trevo de Chapecó, cerca de trinta quilômetros atrás.

— Começamos bem, Andréia. Isso vai aumentar a viagem em umas duas horas no mínimo. Só chegaremos a Curitiba perto da meia-noite.

— Deve ser nós duas que estamos lhe causando azar — disse ela rindo.

— Não fale bobagens, menina. A culpa é dessa chuvarada, que detona as estradas. Mas tudo bem, chegando é o que importa. Você não deve ter horário para estar em Curitiba?

— Claro que não. Estou mesmo me afastando e não importa quando chegaremos. Se você não nos tivesse dado carona, nem sei se, ou quando chegaríamos lá.

No trevo de Chapecó, tomaram à direita e logo se percebeu que era uma rodovia estreita, sem acostamento, cheia de curvas com aclives e declives em excesso. Entretanto, bem conservada. Além disso, o movimento do trânsito era bem menor.

— Não tenho ideia da distância que teremos pela frente, mas isso não importa. Estando em Curitiba no domingo, tudo bem. Meu compromisso é segunda-feira pela manhã. Enquanto isso eu estarei me distraindo nesta viagem com sua história. Estou bem interessado em descobrir o que aconteceu e como você saiu de casa.

— Está bem, Ronaldo, embora pense que estou chateando você, mas vou continuar:

Eu nunca toquei no assunto da mulher da festa, embora tivesse quase certeza de que havia alguma coisa ali. Enfim, nossa rotina continuou, mas não como antes. Algo havia esfriado em mim, já não achava falta de seus abraços, seus carinhos, muito menos de fazermos amor. Eu estava praticamente indiferente com nosso casamento

Então, essa quarta-feira passada foi a gota d'água. Novamente ele chegou bêbado, e com um perfume diferente, além de marcas de batom na gola da camisa. Entrou agressivo, gritando e me ofendendo verbalmente. Fechei-me no quarto de Lisbeth e fiquei quieta, enquanto ele parecia querer destruir o apartamento. Novamente o vizinho se manifestou e ele se acalmou como da outra vez. Deitamos as duas na cama dela, mas eu não preguei o olho. Pela manhã, ele bateu à porta do quarto me chamando algumas vezes e eu fingi que estava dormindo. Esperei cerca de meia hora, até que ele desistiu e saiu. Aguardei um pouco e fui ao telefone para avisar o diretor do RH do hospital que eu não iria trabalhar novamente. Disse-lhe que eu entraria em contato e apresentaria um atestado médico quando voltasse ao trabalho. Em seguida liguei para a casa de meus pais, mas ninguém atendeu. Insisti por uns quinze minutos, até que me ocorreu que mamãe havia falado que, nessa semana, iriam visitar uma irmã dela, em uma cidade do interior, e eu não sabia o telefone de minha tia.

Analisei a situação e concluí que não poderia ficar no apartamento, com todo aquele clima. Pensei em ir para um hotel, até meus pais retornarem. Fui procurar meus documentos, cartão de crédito, identidade, etc., e tive a amarga decepção de verificar que eles não estavam onde eu costumava guardar. Revistei a casa toda e não consegui encontrar. Então, procurei meu celular e só o encontrei após uma busca desgastante. Entretanto, na pressa acabei esquecendo o carregador de baterias. Fiquei desesperada e não sabia o que fazer. Não possuía amigos tão chegados ou outros parentes onde me refugiar. Enfim, não tinha para onde ir. O problema maior era o carro. Estava na oficina desde o dia anterior e somente ficaria pronto dali uns dois dias. Eu não poderia ir até a cidade onde morava minha tia. Aliás, nem sabia direito para que lado procurar, e muito menos o nome da localidade. Além disso, também não teria coragem de enfrentar papai, pois eu lembrava que ele sempre fora contra nosso casamento, pois nunca gostou de Jairo.

Então tomei a medida drástica de ir para Curitiba, na casa de minha irmã. De que maneira? Não pensei. Quem sabe pegando carona. Irracionalmente, resolvi juntar um pouco de minhas roupas nesta sacola e as de Lisbeth em outra pequena. Fomos eu e Lisbeth, até um posto de combustíveis, na rodovia após pegarmos um coletivo, com o pouco do dinheiro que tinha comigo. Eu não fazia ideia da distância que separa Porto Alegre de Curitiba, mas no momento não estava com cabeça para analisar o que tinha pela frente. Ficamos ali por cerca de três horas, quando ouvi um caminhoneiro falar para o frentista que já estava dirigindo há muito tempo e ainda precisava ir até Erechim. Lembrei que essa cidade ficava no trajeto até o Paraná. Armei-me de coragem e fui até ele:

— Moço, por favor, o senhor daria carona para mim e minha filha, até esse lugar que o senhor falou?

O homem me olhou da cabeça aos pés examinando também Lisbeth.

— Minha senhora, é norma da empresa não dar carona a ninguém. Entretanto, como está com essa criança, eu farei uma exceção. Não entrarei em Erechim, mas pegarei outra estrada, alguns quilômetros à frente. Serve assim?

Evidente que eu não estava na posição de exigir algo melhor. Então falei:

— Serve sim. Muito obrigada.

Entramos no veículo e o caminhoneiro, que era muito tagarela, começou a contar sua vida, de sua esposa e seus filhos e que moravam todos em uma pequena casa em um bairro de Uruguaiana, de onde ele estava vindo.

Não prestei muita atenção em sua conversa, mas por educação fingia que o fazia. Graças a Deus ele não foi indiscreto ao ponto de perguntar qual o motivo de eu estar viajando de carona, com uma criança pequena.

Enfim, a viagem continuou com o homem falando sem parar. Quando passamos pelo trevo de Erechim, ele disse:

— Um pouco mais à frente existe uma lanchonete com posto de gasolina e hotel. Posso deixar vocês duas lá. Há cerca de dois quilômetros à esquerda existe uma estrada vicinal, onde eu entrarei.

Quando chegamos ao local, eu e Lisbeth descemos da cabine e agradeci ao motorista.

Ao se despedir de nós, ele enfiou a mão no bolso e puxou uma nota de cem reais.

— Isso é para a senhora comprar alguma comida para vocês duas. Por favor, aceite.

— De maneira nenhuma, meu senhor. Onde se viu dar dinheiro a uma estranha? Não posso aceitar, me desculpe.

— Moça, deixe de ser orgulhosa. Eu não sou inteligente, mas percebi que a senhora está saindo de casa, provavelmente sem um tostão no bolso. Aceite que me deixará feliz por ter ajudado um pouco.

— Eu sei que os caminhoneiros são profissionais sofridos, que ganham muito mal. Além disso, o senhor tem uma família para cuidar. Por favor, não faça isso.

— Aceite, moça, ou não ficarei tranquilo por saber que estarão aqui sem nada de dinheiro. Depois tem o frio que virá após a chuva que logo começará. Juro que se eu pudesse lhe daria mais. Entretanto, só vou receber após a entrega do frete. Pegue e me deixe feliz, por favor.

Fiquei constrangida, mas, devido à insistência dele, acabei pegando. Quando nos despedimos, dei-lhe um forte abraço enquanto Lisbeth o beijou no rosto. Ele ficou todo feliz, e percebi que seus olhos ficaram marejados, como se estive imitando os meus.

Ficamos observando enquanto ele entrava no caminhão e se afastava. Ao mesmo tempo fiquei pensando em como existem pessoas bondosas neste mundo. Voltamo-nos para a porta da lanchonete e ali sentamo-nos naquela mesa que você nos encontrou. Durante as seis horas que ali permanecemos até você aparecer, só comemos dois sanduíches e bebemos dois refrigerantes. Eu precisava economizar, pois não sabia o que estava pela frente. Foi então que a ficha caiu: "Meu Deus", pensei. "Como eu pude ser tão louca ao ponto de abandonar meu apartamento, meus pais, arrastando minha filha para um destino desconhecido, sem dinheiro, sem roupas e sem documentos? Eu devia estar com a cabeça toda fora do lugar. E agora? Como vamos continuar? Provavelmente nem estamos na metade do caminho. Como vamos comer? Como vamos dormir? E se essa criança ficar doente por causa do frio, o que farei?"

Estava com esses pensamentos, quando o bêbado apareceu em cena. Agora, analisando a situação, até que foi cômica. Mas na hora, fiquei desesperada e queria matar aquele homem.

Então Andréia parou sua narração e virou-se para Ronaldo.

— Estou muito arrependida da bobagem que fiz, entretanto agora é tarde e já estou a caminho da casa de minha irmã.

— Realmente você precipitou-se, Andréia. Deveria ter ido a uma delegacia e dado queixa do procedimento de seu marido. A justiça iria intervir, e, de mais a mais, você estaria mais protegida. Errou mesmo, Andréia. Sabe que isso lhe causará muitos problemas? Seu marido irá lutar na justiça pela guarda definitiva de Lisbeth e certamente a processará por abandono do lar e ter levado a menina sem autorização ou consentimento do pai. Ele terá muitas chances de ganhar, visto que você não tem provas das agressões dele e muito menos testemunhas, além de não ter recorrido à polícia, o que geraria um boletim de ocorrências. Pois é, Andréia, você terá uma longa e desgastante disputa judicial pela frente. E outra coisa: como já sentiram sua falta, a polícia já foi avisada e devem estar procurando por você. Além disso, as polícias estaduais se comunicam e, como provavelmente já sabem dessa sua irmã de Curitiba, se eles não foram ainda à casa dela, logo irão. Você tem certeza de que encontrará sua irmã em casa?

— Acredito que sim. Ela e o marido possuem um mercadinho, desses de bairro, e normalmente não viajam. Mas agora você me deixou muito preocupada com essa história da polícia estar me procurando. Não havia pensado nessa possibilidade.

— Acho que você deve tentar se comunicar com sua irmã — falou Ronaldo. — Tem ao menos o número do telefone dela?

— Sim, tenho, mas a bateria do celular está descarregada, pois não estou com o carregador. E não sei o número sem olhar no aparelho.

— Vou pegar o meu carregador que está na sacola e você carrega a bateria do seu celular, usando do acendedor de cigarros do carro. Então, quando tivermos sinal, você liga, ou se não tiver créditos, usa o meu. OK?

— Sim, Ronaldo. Ficarei lhe devendo mais essa.

DEZ

O policial rodoviário olhou novamente pela janela da frente, sabendo que sua mulher não deveria demorar muito com a refeição. O tempo havia acalmado, mas um vento frio do Sul se fazia presente, ocasionando uma contínua queda na temperatura. Bom sinal, isso significa que a chuva vai parar, pensou Luiz Antônio.

Passava um pouco do meio-dia e o trafego começava a se mostrar mais intenso. "Sexta-feira", pensou. Mais um final de semana sem nada para fazer em casa, a não ser ajudar Ana Flávia nos serviços domésticos e ficar "namorando" a televisão. Foi nesse instante que o rádio se manifestou novamente:

"Atenção todas as unidades fixas. Veículo preto suspeito acaba de passar por nossa unidade de Francisco Beltrão em alta velocidade, seguindo provavelmente em direção a Pato Branco".

Luiz Antônio correu até o aparelho e pegou o microfone:

— Aqui unidade de Clevelândia! Sargento Luiz Antônio falando. Bom dia. Será que é o mesmo veículo visto esta madrugada, pela unidade de Cascavel? Câmbio.

— Positivo, Clevelândia. Ele mesmo. Possivelmente Pato Branco irá montar uma barreira na estrada, próximo ao trevo. Certamente o carro não chegará até você. Câmbio.

— Obrigado, Beltrão. Ficarei atento. Câmbio final e desligo.

Luiz Antônio agora percebeu que havia se enganado quando pensou que esse problema não seria seu. Se Pato Branco não conseguisse deter o veículo, sobraria para ele incontestavelmente. Voltando à janela do recinto, percebeu o carro deles se aproximando, com sua mulher no volante.

"Até que enfim a comida está chegando", pensou. Eu já estava ficando com fome.

Ana Flávia estacionou embaixo do abrigo, ao lado da viatura e desceu com uma marmita na mão.

— Bom dia, querido. Tudo bem com você? Desculpe a demora, mas o gás resolveu acabar exatamente hoje e não ontem, como pensei. E até o rapaz trazer outro botijão correu quase uma hora. Por isso atrasei um pouco.

— Bom dia! — disse ele, beijando-a na face. — Antes tarde do que nunca — falou rindo.

— Muito trabalho à noite, querido? — perguntou-lhe.

— Não. Tudo foi tão calmo que tive que tomar muito café para não dormir. Mas um problema deve estar se aproximando.

— Qual problema, querido?

— Um veículo suspeito está vindo nesta direção. Já passou por Cascavel e Beltrão. Se Pato Branco não o detiver, o problema cairá em minhas mãos. Espero que consigam, pois parar um provável maconheiro ou traficante e contrabandista pode ser coisa complicada, já que estou sozinho. Enfim, o que você trouxe de bom para mim? — perguntou abrindo a marmita.

— Oba, minha comida predileta. Bolinho de arroz. Adorei.

— Pois então, querido. Fiz com muito amor e carinho, especialmente para você.

— E você, já almoçou?

— Sim, enquanto esperava o gás, eu acabei almoçando um pouco do que havia sobrado de ontem. Aqueci no micro-ondas.

— Então coma mais, Ana Flávia. Tem o suficiente aqui para nós dois.

— Pare, querido! Quer que eu vire uma baleia?

Quando ele terminou sua refeição, arrumou os pratos sujos e os colocou em uma sacola de plástico.

— Querida, não vou lavar, porque estamos sem detergente. Não tinha visto isso, portanto vai sobrar para você. Desculpe.

— Não tem problema, querido. Eu lavo quando chegar em casa.

Dito isso, ela pegou a sacola e dirigiu-se para a porta, dizendo:

— Já vou indo, Luiz Antônio! Tenho muitas coisas para arrumar. Que horas devo vir buscá-lo amanhã?

— Ali pelas oito horas, no máximo oito e trinta e o cabo já estará de volta.

— Ok ,querido! Um beijo para você e se puder não se envolva com esse veículo suspeito. Deixe que siga, afinal já passou por dois postos mesmo.

— Infelizmente as coisas não funcionam assim, menina. Tenho responsabilidades e é para isso que me pagam.

— Eu sei, querido, mas algumas vezes devemos fazer olho grosso, para certas coisas.

— Está bem, Ana Flávia. Vou pensar no assunto — falou ele sabendo que nunca agiria assim e não iria discutir com a mulher. Desde que entrara na corporação, o dever acima de tudo fora sua bandeira. E não seria agora, às vésperas da aposentadoria, que iria mudar.

Ela virou-se para ele, beijou-o na face e abriu a porta.

— Se cuida, querido. Não quero que nada de ruim lhe aconteça. Fique com Deus.

— Pode deixar, querida. Vou me cuidar. — E dizendo isso, seguiu-a até o veículo deles. Observou-a enquanto ela se afastava em direção à rodovia, que agora apresentava um movimento mais considerável. Novamente pensou em quanto tivera sorte ao se casar com essa mulher. Deu um suspiro e voltou para seu posto.

ONZE

Otto Folmann saiu de sua casa logo após o meio-dia e dirigiu-se ao galpão, onde abriu o grande portão de madeira. Aproximou-se de um monte de sacos que se encontravam ao lado de um trator de granja e começou a carregar a pequena carreta que estava engatada no veículo. Após colocar uns sessenta fardos na carroceria, encaminhou-se até a máquina, onde deu partida. Após insistir um pouco, o motor pegou, soltando uma fumaça negra do cano de descarga. Esperou que aquecesse um pouco, engatou a ré para sair do abrigo e partiu em direção à pequena estrada de chão batido, que levava à rodovia asfaltada, uns trezentos metros adiante. Olhou para o tempo, uma leve neblina se espalhava e concluiu que teria que se apressar, pois provavelmente à tardinha voltaria a chover.

Era filho único e morava com a esposa naquela pequena granja que herdara de seu falecido pai, há mais de vinte anos. Sobrevivia da venda de leite do pequeno rebanho de quinze vacas holandesas, além da venda de carvão, que ele mesmo produzia para as churrascarias e restaurantes que margeavam a estrada. Era o que iria fazer agora: entregar os sacos de carvão em cinco lugares. Não se encontravam muito longe, mas o movimento do trânsito, imaginou, deveria estar aumentando e isso era ruim, visto que teria que atravessar a via em um ponto crítico. Era um pequeno trevo meio escondido por uma curva em declive e que levava a uma indústria de erva-mate da região.

Na noite anterior, lembrou-se agora, sonhara com o pai, que lhe contava muitas histórias sobre a Alemanha, sua terra natal, ao lado do fogão à lenha, nas noites frias de inverno, enquanto a mãe, também vinda de lá, ficava lavando a louça do jantar.

Gustav Folmann chegara ao Brasil em janeiro de 1947, quase dois anos após o final da Segunda Grande Guerra. Viera da região leste de Berlim, onde os seus pais tinham uma pequena granja, a pouca distância dessa capital e que estava praticamente arrasada e arruinada devido aos saques dos russos e bombardeios que os aliados haviam realizado.

Viera sozinho, deixando os três irmãos e o velho casal com o que restara da propriedade. A primeira coisa que estranhou foi o clima. Saíra em pleno inverno europeu, com a neve se acumulando nos campos e nos telhados das casas, e chegara ao Rio de Janeiro, onde a temperatura beirava os 40°C. A segunda coisa foi o choque cultural e a língua. Não entendia uma palavra de português e, para piorar, estava com uma espécie de dinheiro que não valia nesse país estranho. Enfim, conseguira trocar as notas amassadas pela moeda local e partiu para o Sul, onde haviam lhe informado que o clima era mais ameno.

Chegara ao Paraná na metade de 1947 e tivera sorte de encontrar alguns imigrantes e descendentes de alemães, que no início lhe deram abrigo. Com o pouco dinheiro que lhe restara e a ajuda dos compatriotas, conseguiu comprar a madeira de uma casa velha, que demoliu, e construiu sua morada em uma terra que também adquirira e que, mais tarde ficou sabendo, tinha sido muito barata.

Gustav sempre fora um trabalhador braçal muito eficiente e não teve dificuldades para formar uma pequena plantação de milho, batata e feijão. Com o tempo, adquiriu um casal de gado da raça holandesa e iniciou seu negócio de leite. Ao morrer, deixou mais de dez cabeças de vacas para o filho, além da propriedade totalmente organizada.

Bem mais tarde, ficou sabendo, por outro imigrante que viera de sua região na Alemanha, que a família que deixara havia reconstruído parte da propriedade. Mas eles não conseguiam progredir. Era o sistema socialista, onde tudo pertence ao governo e o trabalhador só tem direito a uma irrisória parte do que produz. Então ele concluiu que não queira mais voltar, nem mesmo para passear. Não desejava viver em um país totalmente destruído e dividido entre o capitalismo americano e o comunismo soviético.

Um belo dia, Gustav encontrou sua cara metade. Casou-se com Olga, uma filha de alemães vindos da região oeste da pátria e nascida na região de Munique. Juntos construíram uma família feliz, e tiveram apenas um filho: Otto.

Gustav nunca aprendeu a falar direito o português e por isso a conversa em família era toda em alemão. Isso fora bom, por um lado, para Otto, aprendera o alemão corretamente e isso lhe permitiu falar dois idiomas. Mas ruim por outro: quando chegou à escola, teve muitas dificuldades com a língua nativa, além dos *bullyings* sofridos, devido ao sotaque carregado, e também devido aos vários apelidos que lhe colocaram, por causa de sua origem.

Com esses pensamentos na cabeça, Otto consultou o relógio de pulso e concluiu que deveria chegar ao primeiro restaurante aproximadamente às treze horas, onde deixaria uma boa parte de sua carga.

Ao entrar na rodovia asfaltada, verificou que realmente estava certo quanto ao tráfego. O movimento estava intenso e ele seguiu pelo acostamento com os alertas do trator acesos. O problema era a velocidade com que os veículos transitavam, como se os motoristas tivessem uma pressa infinita, fazendo ultrapassagens perigosas em faixas duplas e curvas. Otto lembrou-se novamente de seu pai. O velho Gustav diria em alemão, ao ver esses veículos em alta velocidade: "*Jemand sagte, ihnen, das Mutter programme im Rotlichtviertel macht und sie verzweifelt versuchen die alte hure ihrer Muter zu retten*". Que traduzido seria mais ou menos assim: "Alguém lhes contou que a mãe deles está fazendo programas na zona do meretrício e eles estão indo desesperados para resgatar a puta velha da mãe". Otto não pôde deixar de rir da irritação do pai com referência a esses motoristas irresponsáveis.

DOZE

Andréia pegou seu telefone celular na bolsa de viagem e usando o carregador de Ronaldo, conectou-o no acendedor de cigarros do carro. Aguardou cerca de dez minutos e tentou ligar, mas desistiu logo ao verificar que não havia sinal de torre no ponto onde estavam. Esperou mais meia hora e experimentou novamente. Então a chamada se completou.

— Maristela? Sou eu a Andréia.

— Meu Deus, Andréia! Onde você está? Estão todos preocupadíssimos Mamãe e seu marido não param de me ligar. O que está acontecendo? Até a polícia já foi avisada.

— Não se preocupe, mana. Estou na estrada indo para sua casa. Mas pegamos muita chuva e iremos demorar um pouco para chegar. Ainda nos encontramos na divisa do Paraná com Santa Catarina. Acredito que hoje à noite ou no máximo amanhã cedo chegaremos aí.

— Nós? Você está com a Lisbeth? Ainda bem, graças a Deus.

— Sim, ela está comigo. E também estou de carona com um amigo. Amanhã eu lhe conto tudo que aconteceu. Vocês não estão viajando? Como está o Gilberto?

— Eu estou em casa sim. O Gilberto foi ao litoral, mas chega amanhã à tardinha.

— Então tchau, querida. Vou desligar antes que fique sem sinal. Beijos para todos.

— Outros para vocês duas. Vou ficar esperando você com ansiedade. Muito cuidado na viagem. Tchau.

Andréia desligou e dirigiu-se a Ronaldo.

— Essa minha irmã é muito apavorada — falou rindo.

— Eu também estaria — respondeu Ronaldo. — Afinal você está desaparecida há mais de vinte e quatro horas. Seus pais devem estar quase loucos de preocupação. Meu Deus, Andréia. Você agiu muito precipitadamente, para não dizer irresponsavelmente.

— Sei disso. Aliás, agora é que tomei consciência da bobagem que fiz. Só que na hora não pensei, apenas queria ver-me livre daquela situação. Claro que não deveria ter saído. Enfim, agora só resta aguentar o que virá pela frente.

— E como Lisbeth está reagindo a essa situação? — perguntou Ronaldo, olhando pelo espelho interno e verificando que a criança estava novamente dormindo.

— Ela não disse uma palavra até agora. Não perguntou onde estávamos indo e nem por que saímos de casa. Não tive tempo nem coragem ainda de lhe explicar toda a situação, mas ela em momento algum quis saber do pai. Aliás, ele não é muito chegado à filha e, portanto, acho que ela não gosta muito dele.

— Isso não existe, Andréia. Toda a criança, com raríssimas exceções, gosta do pai. Principalmente as meninas.

— Não sei realmente, Ronaldo. Tenho impressão de que ela ficou muito apavorada ou traumatizada quando presenciou a situação que passei.

— Outra coisa, Andréia. Como você iria sair daquele restaurante onde a encontrei? Já tinha pensado nisso?

— Realmente eu não havia pensado. Estava preocupada, sim. Quando começou cair a noite, eu comecei a lembrar novamente a bobagem que havia feito e então pensei como iria arrumar carona para Curitiba, já que estava tão longe e eu praticamente sem dinheiro. Mas, apesar do meu grande erro, apareceu um anjo salvador, que agora está me dando uma carona até meu destino.

— Não sou nenhum um anjo salvador, Andréia. Na realidade sou bem mau — falou ele rindo.

— Confesso que no início fiquei com medo de você, Ronaldo. Pensei que estava achando que eu era alguém disponível para ser usada. Por isso fui tão grosseira nas primeiras vezes em que você falou comigo.

— Você não foi grosseira. Apenas estava se protegendo e também à Lisbeth. Mas vamos esquecer isso. Não é o momento para descobrir quem estava querendo o quê — respondeu ele.

Em seguida, Ronaldo consultou o relógio e verificou que eram quase quatorze horas. Notou uma placa anunciando as divisas do estado de Santa Catarina com o Paraná.

— Estamos próximos agora. Aí na frente, tem um trevo que vai a Francisco Beltrão; à esquerda. Para a direita, Clevelândia. Um pouco à frente, nessa direção entra-se em Vitorino. O nosso destino estará a cerca de cinquenta quilômetros. Antes das quinze horas teremos chegado, se não houver imprevistos novamente.

Chegando à rodovia, virou o carro para a direita e acelerou um pouco, pois o movimento estava calmo, e passou direto o trevo de Vitorino. Observou pelo retrovisor que um automóvel preto aproximava-se em alta velocidade. Manteve sua direita e diminuiu um pouco para favorecer a ultrapassagem. Quando o veículo emparelhou com o seu, percebeu que era um Opala preto, com apenas o motorista. O carro ultrapassou-o com uma velocidade incrível, talvez uns 150 km/h, imaginou Ronaldo.

— Meu Deus! — comentou. — Esse "cara" vai acabar causando um acidente.

Como Andréia não respondeu, olhou para o banco do passageiro e percebeu que ela estava dormindo. E, verificando pelo espelho interno, viu que Lisbeth também estava.

Logo após o trevo, havia um aclive longo e acentuado. Mesmo assim o Opala se distanciava rapidamente. Logo após uns oito quilômetros, no alto do aclive, existia outro trevo com uma estrada que contornava Pato Branco pelo oeste da cidade, dirigindo-se a Guarapuava, seguindo reto pela direita, iria à Clevelândia contornando o lado sul da cidade. Logo que ele chegou à parte elevada da estrada, ouviu sirenes e concluiu que deveria ser a polícia. "Devem estar atrás do Opala", pensou.

TREZE

Sérgio percebeu a barreira policial no instante em que se aproximou do trevo. Imaginou que os policiais estavam ali por sua causa. Conclui que só tinha duas opções: ou parar ou passar em alta velocidade. Não pensou duas vezes; sabia que se parasse seria preso, afinal passara por dois postos em alta velocidade e, além disso, estava carregado de drogas e dirigindo após ter ingerido uma grande quantidade de álcool. Acelerou ainda mais e seguiu reto para o lado direito do trevo, onde percebeu que estava pouco guarnecido, com apenas dois cavaletes de madeira trancando a pista e nenhuma viatura. A polícia havia imaginado, erroneamente (e com um pouco de incompetência), que ele tomaria o caminho em direção à Guarapuava e, por isso, colocara as únicas duas viaturas que possuía atravessadas nessa pista. Na velocidade em que estava, aqueles pedaços de madeira nunca seriam um obstáculo para o carro. Com a batida as tábuas se espedaçaram e o choque juntamente com o barulho acordou Edna, que, assustada, gritou:

— O que é isso, Sérgio? Batemos em alguma coisa?

— Nada, Edna, apenas umas tábuas que estavam no caminho.

Ela levantou o corpo da poltrona e olhou para trás. Quase enlouqueceu quando viu duas viaturas policiais começando a seguir o veículo deles.

— O que está acontecendo? Por que a polícia está aí atrás?

— Nada. Fique quieta. Se for conosco, logo eles desistem. Este carro está com o motor envenenado e não vão conseguir nos alcançar.

Nesse ínterim, os carros policiais ligaram as sirenes com as luzes de alerta piscando e começaram a acelerar, mas os veículos não tinham a potência do automóvel fugitivo. Então apelaram pelo rádio para o posto de Campo Alto, em Clevelândia.

— Atenção Campo Alto. Está na escuta? Câmbio.

Luiz Antônio estava sentado na mesa, lendo seu livro e correu rapidamente para o aparelho.

— Positivo. Unidade de Campo Alto. Sargento Luiz Antônio falando! Câmbio.

— Aqui é uma viatura de Pato Branco. Tenente Cardoso falando. Estamos perseguindo um Opala preto que furou nossas barreiras no trevo. Irá passar logo em sua base. Câmbio.

— Entendido. Parece que ele já escapou de dois ou três postos. Estou sozinho. Como vou detê-lo? Câmbio.

— Não tente nada. Apenas tranque a passagem com o que você tiver aí. Estamos logo atrás e se conseguir atrasá-lo, nós o pegaremos. Câmbio.

— Positivo. Vou fazer o possível. Câmbio final e desligo.

Luiz Antônio desligou o rádio e saiu do posto, pensando no que poderia usar para bloquear a passagem do Opala. Não tinha nada, concluiu. Apenas os cavaletes móveis e sabia que isso não iria fazer efeito algum.

Voltou e fechou a porta do pequeno edifício onde estava instalado o posto, entrou na viatura, ligou o motor e posicionou-se ao lado direito da rodovia. Percebeu que a melhor coisa que podia fazer era seguir atrás do veículo. Não demorou vinte minutos e ele escutou o ronco violento de um motor que vinha da direção de Pato Branco e em seguida as sirenes das viaturas que o perseguiam. Ligou também a sirene de seu veículo e ficou pronto para sair atrás do carro. Pensou em entrar na frente do Opala, mas com razão imaginou que não seria uma boa ideia. Afinal o motorista certamente estava bêbado ou drogado e seria arriscado tentar obstruir sua passagem.

Logo ele viu que o veículo estava em altíssima velocidade. Talvez uns 180 km/h. "As viaturas velhas das unidades policiais não têm condições de competir com essa máquina", pensou. Por um breve instante, lembrou-se de um livro de terror que lera algum tempo atrás, do escritor americano Stephen King, chamado *Christine*. O romance narrava a história de um carro amaldiçoado que tinha vida própria. Sentiu um arrepio na hora, mas o afastou com um sorriso de deboche.

Quando o veículo passou ao seu lado, ele observou que havia uma mulher no banco do carona, além do motorista. Acelerou e partiu atrás, sabendo de antemão da inutilidade da ação. Logo observou pelo retrovisor as luzes vermelhas e azuis das outras viaturas, bem próximas. A perseguição continuou, agora com três veículos. A velocidade daquele Opala era assustadora. O sargento Luiz Antônio sentiu que ficava cada vez mais distante, o mesmo acontecendo com os outros dois carros que vinham a seguir.

Edna, agora muito bem acordada, estava tensa e com medo. Tentou fazer o rapaz parar, mas ele, com a cabeça cheia de álcool, não ouvia a companheira. Ela, além de prender o cinto de segurança mais firme, o que era uma inutilidade, pois estava com defeito, se agarrou na alça protetora acima da porta. A velocidade do veículo era estonteante. Em vários momentos ultrapassou os 220 km/h, o que era praticamente uma impossibilidade, considerando o estado precário do carro. A moça começou a gritar de medo, o que incentivava ainda mais o motorista, que, além da bebida, também estava sob o efeito de droga. Em determinado momento, o carro deslizou muito em uma curva, mas ele conseguiu segurar diminuindo com isso um pouco a velocidade. Quando entrou na reta, encontrou um caminhão quase parado na pista e, no acostamento oposto, um trator de granja, que vinha lentamente em sentido contrário. Freou o que pôde, mas o veículo foi de lado e, nesse instante, o desgaste de muito tempo e da exigência que se fazia dele se manifestou; um pneu estourou e a barra da direção se quebrou.

Otto, que no momento vinha com seu trator, percebeu que iria receber parte do impacto. Entretanto, ele foi muito rápido. Instintivamente saltou de seu veículo para o lado contrário e rolou para trás do barranco, ficando semioculto dentro de uma vala fora da estrada.

O Opala rodopiou duas vezes na pista, e foi com o lado do motorista na traseira do caminhão. Após ricochetar, girou novamente e atingiu o trator de Otto, que, sem um condutor, estava também desgovernado. Com o choque, o automóvel voltou de ré e começou a pegar fogo. Entretanto, Edna fora lançada para fora antes da primeira batida no caminhão. Sua porta se abriu com o peso de seu corpo, pois o cinto já estava solto. Ao cair, ela rolou pelo asfalto, afastando-se do local, indo parar uns vinte metros à frente, onde ficou totalmente desacordada. Sérgio não teve a mesma sorte. Bateu violentamente a cabeça na lateral da porta e morreu na hora. Então o fogo fez o resto. Em seguida uma explosão lançou um mar de chamas e pedaços de metal para todos os lados. O motorista do caminhão parou um pouco mais à frente e saltou com um extintor na mão. Mas nada mais podia fazer. O fogo tomara conta de tudo e o calor era insuportável. Otto, que já tinha se levantado, imediatamente correu para o lado do caminhoneiro, escapando milagrosamente da explosão.

Nisso, as três viaturas da polícia chegaram com as sirenes uivando. Luiz Antônio e os outros quatro policiais saltaram imediatamente e também perceberam que nada mais podiam fazer pelo motorista. Um deles pegou o extintor, e de longe tentava eliminar o fogo. O sargento Luiz Antônio e o tenente correram pelo acostamento contrário em direção à moça que permanecia deitada na pista, toda enrolada nos cobertores, que juntamente com seu corpo caíram do veículo. Enquanto outros dois patrulheiros tentavam segurar o trânsito que estava se acumulando. Luiz Antônio foi o primeiro a chegar ao lado da moça. Tomou o pulso da criatura e percebeu que estava fraco, mas ainda com a circulação. Imediatamente ele fez respiração boca a boca, enquanto o caminhoneiro observava de joelhos ao lado dos dois.

Então foi a vez de Ronaldo e Andréia chegarem. Ele parou a uma distância segura e ambos desceram, enquanto Lisbeth foi obrigada a permanecer no carro. A mulher começou a chorar vendo a magnitude da tragédia.

— Meu Deus, Ronaldo. O motorista está morrendo queimado — falou ela, agarrando-se no braço dele enquanto escondia o rosto no peito do homem.

— Sim, é uma coisa horrível, mas provavelmente não deve estar sentindo nada. Certamente já estava morto quando o fogo começou. O lado dele no carro está todo destruído, ninguém resistiria àquele impacto, ainda mais na velocidade em que ele vinha.

Um dos patrulheiros que estava atendendo o trânsito foi até a viatura e pelo rádio chamou uma ambulância de Clevelândia, que estava a uns dez quilômetros de distância Enquanto isso a moça dava sinais de recuperar a consciência. O caminhoneiro dobrou a extremidade de um dos cobertores e se preparou para colocar embaixo da cabeça da vítima. Nisso, Ronaldo e Andréia se aproximavam rapidamente. Então a bioquímica gritou:

— Por favor, policial. Não movam a moça. Pode estar com alguma fratura no pescoço e isso irá prejudicar ainda mais o estado dela.

— A senhora é médica? — perguntou o tenente.

— Não, mas trabalho em um hospital.

A moça começou a emitir gemidos baixos enquanto abria os olhos. Já meio consciente, olhou para as pessoas que a rodeavam.

Andréia aproximou-se e tomou sua mão.

— Pode falar, querida? — Mas ela deu apenas outro gemido e fechou novamente os olhos. — Está um pouco tonta ainda. Mas, olhando melhor, não aparenta ter fraturas expostas. Teve muita sorte.

Mais ou menos vinte minutos depois, a ambulância chegou com dois paramédicos, que saltaram rapidamente, trazendo uma maca. Nisso o local estava cheio de curiosos de outros veículos que estavam chegando.

— Por gentileza, se afastem todos. Agora nós tomamos conta — falou um dos paramédicos.

Ronaldo puxou Andréia pelo braço e a retirou dali. O caminhoneiro e Otto também se afastaram, ficando apenas os policiais e os paramédicos.

— Vamos, Andréia. Nada podemos fazer mesmo.

Ao voltarem para o carro dele, perceberam que o fogo havia sido apagado, restando uma fumaça preta e mal cheirosa. Andréia evitou olhar para o veículo sinistrado, colocando a cabeça no braço do homem e escondendo o rosto. Entretanto, Ronaldo olhou, e se arrependeu. Soube na hora que, para o resto da vida, jamais esqueceria o que viu. O cadáver do motorista, totalmente queimado, estava em uma posição grotesca, parecendo mais um pedaço de carvão, envolto em fumaça e caído sobre a janela. Era uma cena difícil de olhar e de esquecer.

Quando estavam abrindo as portas do Ranger de Ronaldo, ouviram um homem chamando-os. Olharam para o local de onde vinha a voz, e notaram alguém correndo em sua direção.

— Pessoal, podem me dar uma carona até perto de Clevelândia? Sou o dono daquele trator semidestruído pelas chamas. Irei pedir ajuda aos vizinhos para rebocá-lo. Lógico, depois que a perícia liberar — falou ele. — São apenas uns três quilômetros daqui.

— Ok, amigo. Entre! — convidou Ronaldo.

— Me chamo Otto Folmann, sou um granjeiro que mora perto da cidade — apresentou-se o homem.

— Eu sou Ronaldo Müllman de Mello e essa fadinha aí atrás é Lisbeth. A mãe dela, aqui na frente, chama-se Andréia. Não conseguiu lembrar o sobrenome da companheira de viagem e não quis perguntar na frente do estranho. Quando estava para dar partida, percebeu que um policial se aproximava com a mão estendida em forma de pare. O homem chegou e disse que não poderiam liberar a pista antes da perícia vir de Pato Branco.

Ronaldo olhou para o policial e o reconheceu imediatamente. Era o colega de colégio Luiz Antônio, que fazia muitos anos que não via. Estava fardado, com divisas de primeiro sargento.

— Luiz Antônio, não está me reconhecendo? Sou o Ronaldo.

O policial o olhou com mais atenção e então respondeu:

— Mas claro, Ronaldo. Meu Deus! Há quanto tempo.

Ronaldo desceu do carro e abraçou forte o militar, sendo correspondido na mesma intensidade.

— Onde você está indo, homem? — perguntou o último.

— Curitiba! Estou morando lá. E você está trabalhando em Pato Branco?

— Não, amigo. Estou designado para o posto do Campo Alto. Lembra onde fica? Você acabou de passar por lá.

— Claro que lembro. Está morando na cidade, então?

— Sim, já faz cinco anos. Mas é uma longa história. Vai ficar alguns dias aqui na cidade? Poderíamos nos encontrar, tomar umas cervejas e recordar o passado. O que acha?

— Lamento, amigo, mas preciso estar na capital no máximo segunda-feira e ainda tenho que visitar um tio em Clevelândia que está meio adoentado. Pretendo viajar no máximo amanhã cedo, já que hoje, com este acidente, atrasou toda a minha viagem.

— Que pena, Ronaldo. Eu só me libero do trabalho amanhã cedo. Estou substituindo um colega, cuja mulher está internada. Mas se você ficar hoje à noite, posso solicitar ao outro patrulheiro, meu colega, e perguntar se ele pode me substituir. Depois eu reponho.

— Não me comprometo, amigo. Provavelmente ficarei até tarde na casa desse parente. Acho melhor você não tentar mudar sua rotina de trabalho por minha causa. Mas, fique tranquilo, voltarei aqui até o final do ano. Estamos mexendo com um inventário e precisarei retornar.

— Ok, amigo. Aguarde um pouco que vou falar com o tenente e tentar liberar você. A perícia pode demorar ainda uma meia hora ou mais para chegar.

— Está bem, Luiz Antônio. Ficarei agradecido.

Enquanto o sargento se afastava, Otto comentou:

— Então o senhor é clevelandense? Percebi que também o sobrenome é alemão.

— Verdade. É da parte de minha avó que veio da Alemanha. Sim, nasci aqui, mas estou fora há muitos anos.

— Eu também nasci aqui, mas foi meu pai que também veio da Alemanha — respondeu o outro.

— Qual era o nome de seu pai, Otto?

— Gustav Folmann.

— Acho que o conheci quando eu era criança — respondeu Ronaldo.

— Pode ser. Ele veio aqui para Clevelândia, onde viveu até morrer.

— Eu lembro vagamente de um senhor alemão entregando leite nas casas, em uma charrete puxada por um cavalo preto.

— Era ele sim. Faz quinze anos que papai morreu. Eu tinha apenas doze anos quando isso aconteceu.

— Você é casado, Otto?

— Sim, casei-me logo após papai falecer. Mamãe foi logo a seguir. Mas não temos filhos.

Nisso Ronaldo viu o sargento se aproximar apressado.

— Pode seguir, Ronaldo. Consegui a passagem do seu carro com o tenente.

— Obrigado, Luiz Antônio. Se ficarmos na cidade amanhã, vamos tomar algumas cervejas e relembrar nosso tempo de escola. Anote meu telefone e me ligue amanhã cedo.

— Está combinado, amigo. Mas faça um esforço para ficar.

— OK. Farei sim. Adeus, amigo. Se não nos vermos mais, já estamos despedidos, — falou enquanto tirava o braço para fora e batia no ombro do outro.

— Boa viagem, meu amigo. Cuidado nessas estradas molhadas.

— Pode deixar, tomarei cuidado. Estou com muita gente no carro para ficar arriscando um acidente. Adeus, sargento.

— Adeus, Ronaldo.

Ele deu partida no carro e passou lentamente pela barreira policial, tomando o acostamento da direita. Ao chegar ao local do carro carbonizado, Andréia virou-se para trás, e obrigou Lisbeth a baixar a cabeça.

— Filhinha! Por favor, não olhe.

Otto, então comentou:

— Esse cara no mínimo estava bêbado ou drogado. Vinha em uma velocidade louca. Tive sorte de saltar do trator antes que ele me levasse junto para o outro mundo.

— Realmente, você teve muita sorte, Otto. Poderia estar no meio daquelas chamas.

Ronaldo continuou seu trajeto e, ao passar pelo local onde estava a moça, percebeu que ela já estava dentro da ambulância em cima da maca, com os dois paramédicos em volta. Parecia consciente, pelo pouco que ele viu através da porta traseira aberta do veículo.

— Essa escapou — comentou Otto. — Nasceu de novo.

— Como Deus permite uma coisa dessas? — comentou Andréia por sua vez.

— Deus não tem nada com isso, Andréia. A causa disso tudo certamente é o rapaz. Lembro a velocidade que ele nos ultrapassou antes de Pato

Branco — comentou Ronaldo. — Depois aumentou ainda mais, quando a polícia começou a persegui-lo. Deus nos dá o livre-arbítrio de escolhermos nossas vidas. E um velho ditado diz que o que aqui se planta, aqui se colhe. E é uma grande verdade. Devemos acertar nossas contas, conosco mesmos.

Mais alguns quilômetros à frente, em uma entrada à esquerda, Otto disse que iria descer. Havia chegado ao seu destino.

— Aqui nessa entrada, Sr. Ronaldo. Muito obrigado pela carona e prazer em conhecê-los.

— Por nada, Otto. Você teve um prejuízo grande com o trator, além do enorme susto que passou.

Ronaldo estacionou no acostamento e ficou aguardando o homem descer.

— O trator está segurado totalmente. Receberei um valor que me permitirá comprar outro usado. A polícia já fez o boletim de ocorrência. E, além disso, a carreta que carregava o carvão não foi destruída pelo fogo. Soltou-se do trator depois da batida. Aliás, parece que este também não ficou tão imprestável como está parecendo.

— Realmente, você teve muita sorte de não ser esmagado pelo carro — comentou novamente Ronaldo.

— É verdade. Nasci de novo — comentou. — Então boa viagem para vocês três. Sigam com Deus e mais uma vez obrigado pela carona.

Saindo do carro, estendeu a mão para Ronaldo, que retribuiu o cumprimento.

— Você também, amigo. Fique com Deus. Quando eu voltar à Clevelândia, irei procurá-lo para tomarmos umas cervejas, junto com o sargento.

— Certo! Será um prazer. Boa viagem novamente.

Ronaldo entrou novamente na estrada e após alguns metros falou para Andréia.

— Observou como ele fala corretamente, apenas com um leve sotaque?

— Verdade. Isso que foi criado por um homem que veio direto da Alemanha, e certamente tinha muita dificuldade para ensinar a língua deste país para o filho, se é que falava nosso idioma.

QUATORZE

Eram dezoito horas e pouco quando finalmente chegaram à pequena cidade de Clevelândia. A noite já se iniciara e poucas pessoas ainda circulavam pelas ruas. O céu estava limpo e um vento frio, vindo do Sul, agitava as árvores que ficavam embaixo dos postes de iluminação, fazendo sombras oscilantes no asfalto.

— Pois é, Andréia. Vamos ter que pousar nesta cidade.

— Minha nossa, Ronaldo. Mais despesas para você. Mas prometo que devolverei tudo que está gastando conosco.

— Demorou muito para falar em dinheiro. Eu já estava achando falta. Pare com isso. Fique calma. Vou pegar um hotel e procurar um restaurante para jantarmos.

O hotel era modesto, mas tinha alguns apartamentos. Ele reservou dois, tomaram banho e voltaram para o carro, a fim de procurar um restaurante onde pudessem comer algo que não fosse lanche. Encontraram um lugar na avenida principal, que parecia recém-inaugurado e onde serviam sopas de vários sabores.

— Penso que este é o único com alguma coisa diferente e bem apresentável. O que acha, Andréia?

— Ronaldo, você é quem está no comando. O que decidir está mais do que bom.

Os três sentaram ao lado de uma mesa que ficava próxima a uma grande janela com vista para a rua. Logo em seguida, uma mocinha loira, aparentando uns vinte anos, cumprimentou-os e lhes deu dois cardápios. Ambos pediram sopa de legumes com macarrão cabelo de anjo.

Enquanto Andréia e Lisbeth foram ao banheiro, ele olhou o ambiente: "pouca gente", pensou, "mas provavelmente é muito cedo".

Observando com mais atenção, ele viu um casal de jovens sentado umas três mesas à sua direita. Pensou reconhecer a mulher, mas a distância e a pouca luminosidade do ambiente não lhe permitiram distinguir direito.

Quando as duas companheiras de viagem retornaram, ele perguntou se Andréia gostaria de beber algum tipo de vinho.

— Se você quiser, eu acompanho — respondeu ela com o lindo sorriso que ele já estava começando a gostar.

— Então vou pedir um rosé suave para você e um tinto seco para mim. E claro, um refrigerante para essa gatinha linda.

— Por que dois tipos de vinho, Ronaldo? Um só é suficiente.

— Eu não posso ingerir nada com açúcar. Sou diabético.

— Então deixe o rosé. Bebemos o vinho tinto seco.

— Ok, Se você preferir assim... Ah, está vendo aquele casal nessa mesa à nossa direita, Andréia?

— Sim — disse ela após se virar na direção indicada.

— Eu tenho impressão de que conheço a mulher, mas não estou recordando quem seja. Já o homem é totalmente estranho. Provavelmente ela seja filha de alguma colega de colégio, pois é muito nova para ter estudado comigo. Ela deve ter no máximo uns vinte e cinco anos.

— Possivelmente é isso mesmo. Filha de alguém conhecida — comentou Andréia.

Durante o jantar eles permaneceram boa parte do tempo em silêncio, enquanto degustavam a sopa bem quente e consistente. Já no final, Andréia dirigiu-se a ele.

— Ronaldo, até agora você não me contou quase nada de sua vida. Confesso que estou um pouco curiosa.

— Andréia, já lhe disse que sou engenheiro elétrico, moro em Curitiba, onde sou sócio de uma pequena empresa. Sou viúvo e moro sozinho. O que mais quer saber? — comentou com um sorriso no rosto.

— É evidente, Ronaldo ,que sua vida não se resume apenas a isso. E seu passado? Como sua esposa faleceu? Você tem filhos? Ah, desculpe, estou sendo indiscreta.

— Amanhã, durante o restante de nossa viagem poderei lhe contar algumas coisas. As boas, pois as ruins só servirão apenas para deixá-la abatida e me fazer ficar para baixo.

— Não precisa me contar nada, Ronaldo. Eu acho que estou falando demais. Provavelmente é o efeito do vinho.

— Então veremos se amanhã você ainda estará interessada. Se continuar curiosa, não é o vinho — respondeu rindo

Quando terminaram a refeição, Ronaldo chamou a garçonete e pediu a conta. Quando ela trouxe, disse que pagaria com cartão. Levantaram-se e ele se dirigiu ao caixa. A mulher que estava atendendo era mais ou menos de sua idade.

— A senhora não é daqui da cidade? — perguntou ele. Eu não a conheço.

— Não senhor. Eu e meu marido somos de Lajes, em Santa Catarina, e nos mudamos há dois anos para Clevelândia. Há um mês abrimos este restaurante. Mas o senhor também não parece ser daqui. Embora nossa família esteja há não muito tempo aqui, conheço muitas pessoas, pois a cidade é pequena e o senhor não me parece conhecido.

— Na realidade eu sou daqui, mas estou fora há quinze anos. Moro em Curitiba. Estou de passagem, vindo de Passo Fundo. Senhora, por favor, gostaria de lhe perguntar uma coisa:

— Pois não, cavalheiro, se eu puder ajudar...

— Aquele casal de jovens, na mesa perto da janela da frente, a senhora os conhece?

— O rapaz me parece estranho, mas a moça é filha da dona Zenaide, esposa do senhor Pedro Damasceno.

— Eu conheço a mãe dela foi minha colega de colégio. Elas são muito parecidas, ao ponto de eu pensar que conhecia essa menina.

— É verdade. Mãe e filha parecem gêmeas, uma mais velha e outra mais nova — falou rindo.

— Obrigado, senhora, pela informação. Boa noite.

— Boa noite, senhor e senhora. Um beijo, menininha bonita.

Lisbeth respondeu com um sorriso tímido e se agarrou na blusa da mãe.

— Ela é tímida, senhora — respondeu Andréia.

— Mas é tão bonitinha — concluiu a dona do restaurante.

Quando estavam saindo, o restaurante já se encontrava com uma grande quantidade de clientes, o que significava que era muito procurado e preferido.

Do lado de fora do prédio, Ronaldo falou para Andréia que deveriam deixar para o dia seguinte a visita ao tio dele, já que teriam mesmo que pousar na cidade. Quando chegaram ao hotel, já passava das vinte e duas horas. Pegaram as chaves dos respectivos apartamentos e subiram para dormir.

Na manhã seguinte encontraram-se no café da manhã, com Lisbeth saltitando de alegria e doidinha de fome. Estava novamente com a roupa de chapeuzinho vermelho, enquanto Andréia esbanjava beleza com um terninho preto e uma blusa branca por baixo.

— Nossa! Como estão bonitas minhas companheiras de viagem.

— Estamos é com fome — falou Andréia. — Principalmente esse saco sem fundos da Lisbeth, que me acordou cedo pedindo para descer e tomar café.

— Que bom. Significa que tem saúde e está crescendo — respondeu Ronaldo, fazendo um carinho no rosto da menina.

Os adultos se serviram de sucos e frutas antes do café, enquanto a criança bebeu chocolate quente e comeu bolo.

Após o desjejum, Ronaldo acertou a conta, subiram aos seus quartos e pegaram suas bagagens. Quando entraram no carro, ele falou:

— Agora vamos visitar meu tio, e depois pé na estrada. Quero chegar a Curitiba antes da noite.

A casa de Pedro Mello de Andrade era simples, mais para humilde, mas bem limpa e acolhedora. Sua esposa, Margarita, estava na porta esperando-os.

— Pensei que iriam embora sem vir aqui — falou ela.

— Bom dia. Claro que não, tia. Mas como soube que eu estava na cidade?

— Bom dia, Ronaldo. O Pedrinho passou ontem à noite na frente do restaurante e viu pela janela você lá dentro com essa bela senhora e essa criancinha linda. Hoje cedo veio nos contar.

— Margarita, essa bela senhora é Andréia, e a criancinha linda é Lisbeth, filha dela. Estão de carona comigo até Curitiba.

As duas mulheres se abraçaram ao se cumprimentarem. Ronaldo pegou na mão da mulher mais velha e também a abraçou.

— Vamos entrar, pessoal. O Pedro está sentado na sala, louco para ver você.

Quando entraram, Ronaldo assustou-se com o aspecto físico do tio. Aparentava bem mais do que os setenta anos que possuía. Estava magro e barbudo, com os cabelos totalmente brancos.

Pedro levantou-se com dificuldades do sofá para cumprimentar o sobrinho com emoção. Os dois se abraçaram e nenhum pôde impedir que algumas lágrimas escorressem por seus rostos.

— Sente-se, tio. Não precisava ter se levantado. Eu e minhas companheiras ficaremos neste sofá grande aqui na frente.

Andréia se aproximou do homem doente e também o abraçou.

— E então, sobrinho? Como foi de viagem? Está vindo de Curitiba?

— Não, tio. Venho de Passo Fundo, Fui dar uma arrumada no túmulo da Odete, que precisava um acabamento melhor. Na época da morte dela, foi tudo feito às pressas.

— E essas duas figuras bonitas, quem são?

— Somos companheiras de viagem do Ronaldo, senhor Pedro. Estamos aproveitando a carona até Curitiba — respondeu Andréia, adiantando-se a Ronaldo.

— E o senhor como está, tio? — perguntou Ronaldo.

— Estou levando, para não ser levado — respondeu rindo da própria piada. — Vocês estão pretendendo permanecer alguns dias por aqui, Ronaldo?

— Não senhor! Vou viajar antes do meio-dia. Tenho compromissos na segunda-feira cedo em Curitiba.

— Meu Deus, Ronaldo. Por que tanta pressa? Tem o resto deste sábado e o domingo inteiro pela frente.

— Estamos muito cansados, tio. Presenciamos um acidente aqui perto de Clevelândia e isso mexeu com nossos nervos. Foi uma coisa terrível.

— Eu e a Margarita ouvimos na rádio da cidade. Parece que o motorista morreu queimado.

— Não é bem certo. Em minha opinião ele estava morto quando o carro pegou fogo. Provavelmente teve um choque violento na cabeça, antes do incêndio.

— Chega de falar de coisas tristes — interferiu Margarita. — Esperem um pouco que eu trarei um café feito agorinha mesmo, uns cinco minutos antes de vocês chegarem.

— O meu sem açúcar, tia. A senhora sabe — explicou Ronaldo.

Após beberem o café, Ronaldo entrou no assunto que o havia trazido até a cidade: o inventário da propriedade que seu tio e sua mãe e mais dois irmãos deles haviam herdado dos pais.

— Pois é, tio Pedro. O senhor pode encaminhar os documentos pelo fórum, juntamente com a desistência da minha parte, que já fiz e está assinada. Vou deixá-la com o senhor. Avise-me quando estiver na fase final que virei apenas ver se é preciso mais alguma coisa. Só restarão os seus outros sobrinhos para participarem, visto que seus outros três irmãos estão todos mortos.

— Está decidido mesmo a desistir de sua parte, sobrinho?

— Claro, tio. Não preciso disso. Ganho razoavelmente bem em meu trabalho. E, além disso, o senhor terá que repartir com eles, que provavelmente não irão desistir das partes que lhes pertence.

— Mas talvez seus primos desistam, afinal dois possuem agências de carros no Rio de Janeiro e os outros estão bem financeiramente, como eu soube — falou Pedro.

— Não conte muito com isso, tio. Existem pessoas que quanto mais têm, mais querem. Enfim, vou deixar o número de meu telefone e o senhor me liga quando as coisas estiverem resolvidas. Pediu um papel e anotou o telefone fixo da empresa onde trabalhava e o número de seu celular.

— Bem, aqui está o documento com a desistência da minha parte. Já reconheci a firma em Curitiba. Anexe depois ao processo do inventário. Quem é seu advogado?

— O doutor Nilton Loures, você sabe quem é. É conhecido por Tinho.

— Claro que sim. Ele é mais novo do que eu, mas lembro-me bem dele. Bom advogado, pelo que eu sei.

— Sei disso. Ele me foi indicado por vários amigos. E depois não é muito careiro.

— Bem, nós vamos andando. Quero ver se almoçamos no restaurante do Horizonte, uns cento e dez quilômetros daqui.

— Você quem sabe, Ronaldo. Poderiam almoçar conosco. A Margarita fará aquela comidinha que você gosta.

— Não! Obrigado, tio, mas temos pressa. Além disso, esta viagem está cheia de imprevistos e não quero correr o risco de me atrasar ainda mais. Voltarei logo que esse inventário estiver na fase final, então conversaremos bastante.

Dito isso, Ronaldo levantou-se e olhou para Andréia e Lisbeth.

— Vamos, meninas? Ainda temos um longo caminho pela frente.

Abaixou-se na direção da poltrona e deu um forte abraço no seu tio Pedro.

— Fique com Deus, tio. E cuide dessa saúde. Quero ver o senhor viver muito ainda.

— Eu não estou me importando em viver muito. Quero apenas resolver esse problema para deixar a Margarita tranquila quando eu me for.

Margarita piscou para Ronaldo, em forma de cumplicidade e falou:

— Ronaldo, não escute essa conversa boba do Pedro. Ele vai durar ainda uns vinte anos.

— Vinte anos você verá, mulher. Não se assuste se eu partir ainda antes do final ano.

— Também não é tanto assim, tio. Todos nós iremos morrer, mas o seu dia ainda está longe.

Então deu um abraço em Margarita e dirigiu-se para fora. Enquanto suas companheiras de viagem se despediam, ele foi até o carro e acendeu um cigarro antes de entrar. Quando estava começando a tragar, as duas se aproximaram.

— Não sabia que você fumava, Ronaldo. Não vi você fazer isso nem uma vez sequer durante a viagem — comentou Andréia.

— Eu não faço isso dentro do carro, principalmente quando tem mais alguém junto.

Ele acabou o cigarro, enquanto suas passageiras se arrumavam, deu partida e acenaram para Margarita, que da porta respondeu. Fez a volta na rua e dirigiu-se ao trevo em direção a Palmas. Eram apenas quarenta e poucos quilômetros, mas a estrada era muito mal conservada, como a grande maioria das estradas brasileiras.

Já passava das dez horas da manhã quando avistaram a cidade envolta em fumaça tênue, proveniente das grandes serrarias e laminadoras do lugar.

— Agora mais uns sessenta ou setenta quilômetros e estaremos no trevo do Horizonte, onde completarei o tanque do carro e almoçaremos. Dali, direto para a capital. Você está com fome, Lisbeth?

— Um pouco só, tio. Estou mais com sede. Queria um refrigerante.

— Nossa, minha filha. Você não tem vergonha de ficar pedindo as coisas?

— Deixe-a, Andréia. Ela está com sede e deve beber algo para não se desidratar. Aguarde só um pouquinho que no próximo posto de combustíveis o tio irá comprar algo para você beber, minha querida.

— Obrigada, tio. Estou começando a gostar do senhor.

— Que bom, minha querida. Mas eu já gosto de você há muito tempo.

Andréia desatou a rir da conversa dos dois.

QUINZE

Edna acordou no hospital, quase doze horas após ter sido resgatada e medicada. Olhou ao redor e viu uma mulher de branco mexendo em uns tubos de soro pendurados em um tripé ao lado da cama. Sentiu uma dor aguda nas costas, abaixo do braço esquerdo. Tentou se mexer e a dor aumentou. Nisso sentiu o olhar da enfermeira olhando-a com carinho.

— Como está, querida? Muita dor? — perguntou a mulher com uma voz suave e carinhosa. — Você está sendo medicada com analgésicos. Fraturou duas costelas e o braço esquerdo, além de machucar muito a cabeça.

Então Edna notou que seu braço estava engessado, apoiado em uma tipoia, e duas faixas largas de pano enrolavam sua cabeça e as costas.

— Você está me ouvindo? Consegue falar? — perguntou a enfermeira. — Lembra-se de alguma coisa?

Um leve resmungo foi sua resposta.

— Vou avisar o médico e dizer que você acordou.

Enquanto a mulher se retirava, ela percebeu pela janela com a cortina semiaberta que já era noite. Então começou a lembrar de tudo que tinha acontecido. O acidente. O terrível acidente. Sérgio drogado e correndo desesperado para escapar da polícia. A batida na traseira do caminhão depois de ela ter sido lançada para fora do carro, rolando pela estrada. Apenas lembrava vagamente de algumas pessoas em sua volta e uma mulher tentando falar com ela. Depois tudo foi escuridão.

Nisso o médico entrou acompanhado da enfermeira de antes.

— Então, moça? Voltamos ao mundo dos vivos? — perguntou ele rindo. — Eu sou o doutor Daniel e estou feliz que você esteja acordada. Precisamos conversar muito.

— OK doutor! Que hospital é este e em que cidade eu estou? — perguntou com a voz fraca.

— Este é o hospital São Sebastião e a cidade é Clevelândia, no sudoeste do Paraná. Você sofreu um acidente muito grave de carro, e é um milagre que esteja viva. Lembra-se de alguma coisa?

— Sim, doutor. Lembro vagamente que o carro bateu em um caminhão. E meu companheiro, o Sérgio, como está?

— Infelizmente não tenho boas notícias. Ele morreu no acidente. Mas você, graças a Deus, está viva.

Ela começou a chorar, mas parou imediatamente ao sentir a dor nas costas se manifestar.

— Calma, moça. Não se agite que vai doer mais ainda. Qual o seu nome?

— Edna de Oliveira. Está em meus documentos.

— Não há documento algum, Edna. Tudo foi destruído pelo fogo. Só sobrou a roupa que você estava usando. Precisamos saber de onde você é para entrarmos em contato com sua família.

— Minha nossa. Eu não me lembro de ter visto o carro pegar fogo.

— Você ficou inconsciente, conforme me falaram os paramédicos que a atenderam. Mas qual é a sua cidade?

— Sou de Curitiba, doutor. Vou lhe passar o telefone de meus pais. Eles devem estar em casa agora à noite, Acho que meu celular também se foi. Encontraram-no entre minhas coisas?

— O doutor já lhe disse, querida, que nada seu foi encontrado. Essa foi a informação que lhe passaram — respondeu a enfermeira.

Edna então passou o número do telefone e o médico após anotar pediu licença para ir fazer a ligação. Meia hora mais tarde retornou e contou que o pai dela, Dr. Roberto, juntamente com a esposa, já estava praticamente saindo de Curitiba para vir buscá-la.

— Entretanto — disse o médico —, eu os avisei que não será possível removê-la imediatamente. Você está com duas costelas quebradas, além da fratura nesse braço e a batida na cabeça. Mas eles insistiram em vir assim mesmo. Querem estar ao seu lado.

— Obrigada, doutor. Eu estou muito agradecida por sua atenção. Papai saberá recompensá-lo pelo atendimento que está me dando.

— Esqueça isso, moça. Seu internamento aqui está ocorrendo pelo SUS. Nada será cobrado. Agora, vou lhe dar mais um sedativo para você dormir bem este resto de noite e quando acordar provavelmente os seus pais já terão chegado.

Quando o médico se afastou junto com a enfermeira que foi buscar o medicamento, Edna começou a pensar na loucura que havia feito juntamente com Sérgio. No fundo ela não o culpava tanto, pois ela concordara em vir, sabendo como ele dirigia quando estava sobre efeito de álcool e drogas.

Ela gostava dele, do seu jeito totalmente irresponsável de levar a vida, de não se importar com o amanhã, de viver o momento, quase sempre bêbado ou drogado. Agora, estava mais consciente de tudo que passara com ele. Realmente era uma loucura tudo que viveram. Ela tinha um nível social e cultural muito superior. Estava cursando uma faculdade paga pelos pais, aos quais sugava sem piedade.

Então as lágrimas de arrependimento começaram a rolar pelo seu rosto lindo e agora cheio de escoriações. A enfermeira entrou nesse instante com o sedativo e uma seringa. Injetou o líquido diretamente no tubo de soro que alimentava a veia do braço bom.

— Não chore, querida. Amanhã você estará com papai e mamãe e então tudo ficará melhor. Agradeça a Deus por estar viva. Realmente, foi um milagre.

— Obrigada, enfermeira, — falou com a voz chorosa. — Qual é seu nome?

— Marcela, querida. Mas não sou enfermeira formada, apenas auxiliar de enfermagem. Agora fique calma que o medicamento logo fará efeito e você dormirá bastante. Boa noite, querida. — E então saiu do quarto.

DEZESSEIS

Após almoçarem no restaurante do Trevo do Horizonte, tomaram novamente a estrada, com Lisbeth entrando no carro e já adormecendo.

Ronaldo virou-se para Andréia e perguntou se ela estava com sono também.

— Não, Ronaldo. Não quero dormir, pois isso também pode lhe causar sono após essa refeição um tanto pesada que fizemos.

— Estou acostumado a dirigir direto e sem companhia. Não acontece de eu ficar sonolento quando estou no volante. Se isso ocorrer, você pode me substituir aqui, desde que não esteja pior do que eu — respondeu.

— Acho melhor não. Eu não tenho muita prática de dirigir em estradas. Sou mais motorista de cidade. Além disso, a rodovia tem muitas curvas, seu carro é grande e o movimento é um tanto intenso. Melhor você mesmo levar o veículo. Também ainda estou meio traumatizada por causa do acidente que presenciamos ontem.

— Sabe, Andréia, pensando naquele acidente, me questiono sobre várias coisas. Primeiro: por que aquele rapaz estava naquela correria louca que chamou a atenção de três viaturas da polícia. Certamente vinha transportando algo ilegal e não quis parar em algum posto de verificação. Segundo: o que aquela moça fazia junto com ele? Pareceu-me uma pessoa bem de vida, considerando as roupas de grife que usava. Tinha uma aparência de possuir alguma cultura, como se estivesse cursando uma faculdade.

— Você é bom observador, Ronaldo. Também percebi isso. Ela deve ser filha de gente abastada. Não justifica o carro velho em que estavam.

— Tem noites que meu sono demora um pouco para chegar e então fico analisando nossa vida neste planeta. Por que nascemos? Qual a finalidade de aqui estarmos? Para onde vamos? Existe realmente outra vida, além desta? Ou somos apenas matéria, que se desintegra nos bilhões e bilhões de átomos que constituem nossos corpos? Fica alguma consciência depois que morremos, ou existe mesmo uma alma, como pregam as religiões? Não sou um homem religioso, mas quando garoto frequentava a igreja católica todos os domingos, para assistir à missa. Minha mãe e meus avós eram espíritas, e algumas vezes me levavam junto nas sessões semanais, que havia no centro espírita local. Mais tarde, depois que casei, frequentei uma igreja evangélica de alemães. Em todos esses locais nunca encontrei respostas para essa questão, embora o espiritismo seja o mais racional, o mais coerente. É uma filosofia que prega a reencarnação da alma, e seus adeptos praticam muito a caridade. Entretanto, todas as religiões e seitas são dirigidas por humanos e geralmente poucos fazem aquilo que pregam. E isso me decepcionou muito, ao ponto de não seguir nenhuma religião.

— Mas, Ronaldo, isso é normal. Afinal somos todos humanos, suscetíveis a erros.

— Eu sei disso, Andréia. Mas quando você quer seguir alguém, isto é, um líder especial para nós, você faz dele um ídolo, ou algo assim. E quando se percebe que ele provavelmente tem pés de barro, pois prega uma coisa e faz outra, a decepção é grande. Então, não se acredita em mais ninguém.

— E você não crê em Deus? — perguntou ela.

— Eu não disse isso. Apenas vejo Deus de uma forma toda minha. Aliás, cada um imagina o Criador de modo particular. O Deus que imagino está em todas as partes, nas galáxias, sóis, planetas, em todos os lugares. No mendigo que vem pedir uma esmola ou comida em sua porta, na criança que chora a falta da mãe, no animalzinho que lhe procura atrás de carinho ou alimento. Já ouvi alguém se referindo aos animais como anjos que vieram para nos acompanhar e nos dar alegria nesta vida. Claro que é apenas uma forma de expressar amor por esses bichinhos. O Deus de minha imaginação também está no perfume e na beleza das flores, no canto dos pássaros, nas notas de uma melodia de amor ou de alegria, no murmurar d'água em uma fonte ou de um rio, na força dos oceanos e suas marés. Enfim, está em toda a natureza. Deus não é aquele velhinho que a Bíblia se refere, como o justiceiro, vingativo, que fica em uma nuvem vendo Seus filhos cometerem erros para depois castigá-los. Nem aquele que manda "seu povo escolhido" atacar outros povos para ficar com suas terras, matando os habitantes e destruindo suas cidades. Esse não é o Deus de minha imaginação. Ele é amor, bondade, justiça. Somos todos suas criaturas e, portanto, amados por Ele. Acredite de todo seu coração: Ele existe e também está dentro de nós. Não creia em um Universo que se formou em toda essa plenitude sem um ser superior, que criou as Leis da Física que regem toda a matéria e energia. A Teoria do Big Bang, por exemplo, diz que uma explosão foi o início do Universo. Explosão essa, após uma quase infinita concentração de partículas oriundas de poeira cósmica que vagavam no espaço e que, por efeito gravitacional, acabaram se juntando. A Teoria, entretanto, não explica de onde veio essa poeira cósmica. Isso que deu origem ao ovo original, infinitamente condensado que explodiu, espalhando galáxias e sóis por todo o espaço, e que ainda hoje estão se expandindo. Certamente essa matéria existia e não surgiu sozinha, embora os defensores dessa teoria simplesmente se refugiem na sua falta de argumentos, dizendo que, antes do Big Bang, o tempo não existia. Você é uma pessoa da ciência, já que estudou Bioquímica e de contrapeso, Física, Matemática e Biologia. Portanto, deve ter suas teorias sobre a formação da vida.

— Ronaldo, você me parece um filósofo.

— Não, Andréia. Não sou nada disso. Apenas uma imitação de pensador.

— Você falou de matéria e energia, mas não falou de alma, ou espírito. Essa hipótese não existe para você?

— É algo um tanto discutível. Mas imagino que exista sim. Todas as religiões da Terra falam nisso. Seria um pouco patético afirmar que Deus criou apenas a energia, a matéria, e a antimatéria. Certamente deve existir uma continuidade desta vida, embora ninguém ainda tenha conseguido provar cientificamente. Os budistas e os espíritas creem na reencarnação da alma, o que explicaria, por exemplo, os sofrimentos que passamos nesta vida. Ou seja, uma opção que fizemos na outra existência, para quando aqui voltarmos acertarmos nossas pendências anteriores e aprendermos mais; uma espécie de carma. Este planeta seria uma escola, para que evoluíssemos e então reencarnássemos em outros mundos mais adiantados e assim sucessivamente até próximos à perfeição. Entretanto, isso não é provado, embora seja algo que tem muita lógica. Resumindo, como me disse certa vez uma amiga, o verdadeiro motivo para estarmos aqui é o amor incondicional que devemos ter para com nossos semelhantes. Amar e praticar o bem. Embora eu tenha mencionado as religiões, elas não passam de filosofias, criadas pelo homem com o intuito de controlar o povo. Se não houvesse religião, não haveria temor pelo sobrenatural, o desconhecido, o castigo na outra vida. Portanto, tem suas utilidades. Talvez fossemos mais animalescos, mais insensíveis. E a crença em um ser superior estaria prejudicada e o homem teria se destruído em termos de sociedade.

Mas os marxistas condenam todas as religiões, inclusive proibindo sua existência dentro dos países que dominam. Baseiam-se na máxima de Marx: "A religião é o ópio do povo." Porém, é certo que, se não houvesse religião, a humanidade seria muito diferente.

Vamos parar com essa minha filosofia barata e falar de algo diferente. Em que bairro de Curitiba mora a sua irmã?

— No bairro Bacacheri. Ela e meu cunhado possuem um mercadinho lá.

— Mas que coincidência, menina. Fica ao lado do meu. Entretanto, não é um bairro pequeno; é totalmente independente da cidade. Tem vários quartéis do exército e um aeroporto, uma mistura de voos civis e militares. Uma espécie de base área. Sua irmã deve ter um mercado grande, para se instalar lá. Não um mercadinho de bairro como você falou.

— Talvez esteja na periferia — respondeu ela.

— Mesmo assim. Entretanto, não se pode afirmar nada antes de vermos.

— O seu apartamento fica onde, Ronaldo?

— Ao lado do Bacacheri, no Tingui. Fazem divisa os dois bairros.

Nisso ouviram uma vozinha sonolenta que veio da parte de trás do carro.

— Mamãe, onde estamos?

— Na estrada, filhinha. Não está muito longe agora.

— Eu estou com fome, mamãe.

— Meu Deus, Lisbeth, você almoçou bem. E são apenas três horas da tarde. Não pode estar com fome.

— Calma, Andréia. Deixe a menina. Se ela está com fome significa que é saudável e, além disso, está em fase de crescimento, como eu já disse antes. — E dirigindo-se à criança: — Lisbeth, querida, o tio vai parar na próxima lanchonete e você irá comer o que quiser e também poderemos usar o banheiro e eu fumar um cigarro.

— Ronaldo, você vai deixar essa garota mal acostumada, além de gorda — comentou a mãe.

— Você se importa em engordar, Lisbeth? — perguntou ele rindo.

— Acho que não, tio, desde que eu não tenha mais fome.

Os dois adultos caíram na risada, enquanto a criança os olhava sem entender nada.

DEZESSETE

Edna acordou quando ouviu o barulho de alguém entrando em seu quarto. Ainda não havia amanhecido direito e, apesar da pouca luz, devido às cortinas fechadas e as luzes apagadas, ela reconheceu sua mãe e seu pai no vão da porta aberta. Imediatamente deu um grito de alegria e abriu um largo sorriso, apesar da dor nas costas. Tentou levantar-se, esquecendo-se dos ferimentos, o que foi imediatamente impedida pelo médico, Dr. Daniel, que vinha logo atrás e adiantou-se ao casal.

— Calma, mocinha. Continue deitada, ou ainda irá ficar mais tempo aqui.

— Minha filhinha querida! O que aconteceu com você meu amor? — falou a mulher toda chorosa, que aparentava uns cinquenta e poucos anos.

— Margareth, não se agite. Olhe a sua pressão — comentou o homem de terno e gravata que estava com um pacote de flores no braço direito.

— Mamãe e papai. Estava louca de saudades de vocês. Não via a hora em que chegariam.

— Acabamos de chegar, querida — respondeu Margareth. Viajamos a noite toda, mas ainda bem que trouxemos um motorista, ou seu pai não iria aguentar dirigir tanto tempo.

— Minha filha — falou o homem —, que bom que você está se recuperando bem. Deixou-nos muito preocupados, pois nem sabíamos se você estava ou não em Curitiba. Que irresponsabilidade de sua parte, filha. Quando você estiver boa, teremos uma longa conversa.

— Roberto, por favor, deixe a menina se recuperar e depois saberemos o que realmente aconteceu e o que ela estava fazendo tão longe de casa.

O médico, por sua vez, interferiu.

— Pessoal, deixem a moça descansar, eu vou lhe dar mais um sedativo para acalmar a dor. Então vocês poderão conversar com ela. Acho bom procurarem um hotel, pois ela permanecerá aqui vários dias. Existem apenas dois hotéis na cidade. Nenhum é grande coisa, mas possuem apartamentos e um bom café pela manhã. Hospedando-se agora ainda dará tempo para o café da manhã.

— Não há problema, doutor. Mais tarde tomaremos café em alguma lanchonete. Agora queremos ficar um pouco mais com nossa filha — comentou Adalberto.

— Tudo bem, mas procurem não cansá-la muito. Vocês poderão permanecer aqui no máximo meia hora, pois logo a enfermeira aplicará os medicamentos e ela cairá no sono novamente.

Dizendo isso, ele se despediu e dirigiu-se à porta, quando foi interrompido pela voz do homem.

— Obrigado, doutor, pelo atendimento à nossa filha. Depois passarei em seu consultório para vermos as despesas — falou Adalberto.

— Não há despesa alguma, meu senhor. Este hospital é público.

— Ok, doutor, mas mesmo assim irei conversar com o senhor.

— Tudo bem. Então até mais tarde.

Quando ele saiu fechando a porta atrás de si, os pais da moça pegaram duas cadeiras e se aproximaram da cama.

— Agora não iremos perguntar-lhe nada, mocinha, mas quando voltarmos à tarde, eu vou querer saber tudinho sobre essa história.

— Fique calmo, homem! Deixe a menina melhorar. Temos muito tempo para conversarmos depois.

Edna sabia que teria muito que explicar aos pais, e temia por esse momento, embora soubesse que não teria forma de evitar. Ela estava consciente de todos os erros que havia cometido e o quanto havia feito de mal para os pais. Parece que o acidente abrira seus olhos a respeito da vida desregrada que estava vivendo.

DEZOITO

Eram aproximadamente dezoito horas quando os três chegaram a Curitiba. O movimento do trânsito era intenso e os engarrafamentos atrasavam ainda mais a entrada na cidade. A saída do trabalho de uma infinidade de pessoas, muitos usando seus carros, combinada com centenas de coletivos e outro tanto de ônibus escolares que levavam os alunos que iriam estudar à noite, era a causa de tudo isso.

Ronaldo dirigiu-se à Andréia, comentando:

— Está bem no horário do "*rush*". Vamos demorar muito para chegar. Falando nisso, você tem o endereço de sua irmã?

— Não, Ronaldo. Não tenho, mas vou telefonar agora e pedir. Apenas sei que é no bairro Bacacheri, como lhe disse antes.

— Como eu também lhe disse, Andréia, é um bairro muito grande, praticamente independente do resto da cidade. Ligue por favor.

Depois de alguns minutos, ela se dirigiu novamente para Ronaldo, dizendo que sua irmã preferia esperá-la na frente do 20º Regimento de Infantaria do Exército, que fica na Rua Erasto Gaertner, a principal do bairro.

— O que você acha, Ronaldo? Fica bom para você?

— Eu sei onde fica. Aliás, é por onde passo quase todos os dias ao ir para casa. Meu apartamento é perto desse local. Mande-lhe uma mensagem de texto, dizendo o modelo do carro e placa. Assim, ela nos encontrará com mais facilidade.

— Ok, Ronaldo. Farei isso. Só me diga o número da placa, por favor.

Passava um pouco das dezenove horas quando finalmente estacionaram na frente do quartel. Ronaldo parou uns cinquenta metros antes do portão de entrada e saiu do carro para acender um cigarro. Começou a pensar que estava fácil de soltar o vício, pois desde o início da viagem só fumara cinco vezes, e nenhuma dentro do veículo. Largar o cigarro era algo que vinha tentando há meses e não conseguia. Por respeito às duas passageiras, não fizera uso do fumo enquanto dirigia.

Estava distraído com seus pensamentos, quando viu um carro branco estacionar atrás do seu. Duas mulheres desceram e se dirigiram até o seu veículo. Andréia, percebendo os faróis, saltou do veículo e correu em direção às recém-chegadas. As três mulheres se abraçaram e se beijaram efusivamente, enquanto Ronaldo as observava.

Finalmente, Andréia lembrou-se do homem e começou as apresentações.

— Este é o amigo que nos trouxe até aqui: o Ronaldo. Esta é minha irmã Maristela e a outra é a filha dela, Ana Sílvia.

— Muito prazer, meu senhor — falou Maristela, que era uma morena miúda e bonita, aparentando uns quarenta anos.

— O prazer é meu, senhora. Prazer, Ana Sílvia, você é muito linda. — Cumprimentou a mocinha de uns quinze ou dezesseis anos, que vestia uma calça jeans apertada, cintura baixa e uma blusa branca, tomara que caia.

— Licença, pessoal. Quero ver Lisbeth — disse Maristela correndo em direção ao carro da frente. Voltou com a menininha agarrada em seu pescoço enquanto a beijava seguidamente.

Lisbeth embora não se lembrasse da tia, se mostrava muito alegre e feliz com os agrados.

Após uns dez minutos de conversas, Ronaldo pediu para Andréia o número do telefone dela e lhe passou o seu.

— Amanhã entro em contato com você para saber como estão as coisas. Certo?

— Certo, Ronaldo. Precisamos mesmo acertar as despesas que lhe causamos.

— Lá vem você novamente com essa conversa. Só pensa em dinheiro? Essa mulher não parou de falar nisso durante toda a viagem. Parece obsessão.

Maristela riu. E comentou:

— Não dê importância. Ela sempre foi assim. Gosta das coisas certinhas. Deveria ser economista e não bioquímica.

Ronaldo deu uma piscada para Andréia e se aproximou dando-lhe um beijo na face. Em seguida pegou Lisbeth no colo, abraçou-a e também a beijou no rosto com um grande estalo.

— O tio lhe dará um presente quando a encontrar novamente. Mas será uma surpresa.

— Obrigada, Ronaldo, por tudo que fez por nós. Não sei como teríamos resolvido nossa situação, caso você não tivesse aparecido. Fiz uma grande bobagem, mas você foi o nosso anjo salvador — comentou Andréia.

— Nem tanto assim, amiga. Alguma outra solução teria surgido. Boa noite a todas vocês. Manteremos contato, pois quero ver como se desenrolará o caso dessa menina sem juízo.

— Ronaldo, você está me devendo a sua história, que prometeu contar durante a viagem.

— Calma, menina. Teremos muitas oportunidades de conversarmos.

E assim dizendo, afastou-se em direção ao seu veículo. Deu partida e foi engolido pelo tráfego ainda intenso daquele horário.

DEZENOVE

Edna sentou-se na cama para receber seus pais que acabavam de entrar, trazendo embaixo dos braços algumas sacolas de compras. Já eram quase nove horas do dia posterior àquele em que haviam chegado. Por recomendação do médico, ficaram quase 12 horas sem visitar a filha.

— Nós trouxemos algumas coisas para você, querida — falou a mulher. — Uma camisola, algumas roupas de baixo e uma calça jeans com duas blusas. Servirão até chegarmos em casa.

— Obrigada, mamãe. Servirão sim. Mas não sei se poderei colocar a calça. O médico já disse alguma coisa sobre minha alta?

— Sim, provavelmente em quatro dias, isso se nós a levarmos em uma maca dentro de uma ambulância — respondeu Adalberto. — Agora, para você ir de carro conosco, talvez uma semana. O que acha? Esperamos uma semana ou prefere ir de ambulância? Você está em franca recuperação, conforme o doutor, e penso que em Curitiba teremos apenas que terminar o tratamento em um hospital maior e melhor.

— Olha, papai, eu preferia ir com nosso carro, mas para vocês dois deve ser muito cansativo ficarem em um hotel por uma semana.

— Não há problema algum para nós, querida — respondeu Margareth. — O hotel em que estamos é simples, mas o dono é muito atencioso e fica puxando conversa conosco a todo instante. Além disso, estamos conhecendo esta cidade, e fazendo amizade com ele e sua esposa, e também com o senhor e a mulher, proprietários do restaurante onde fazemos as refeições. Você sabe que seu pai adora jogar xadrez e já arrumou um companheiro. Eu, por meu lado, fico conversando com as mulheres que citei, e assistindo televisão. O tempo está bom; nem frio nem quente. Penso que sobreviveremos uma semana.

— Qual foi o motorista que vocês trouxeram para auxiliar na viagem, papai?

— O Carlos, que trabalha como entregador em nosso supermercado do bairro Água Verde. Você conhece. Aquele alto, moreno...

— Não lembro, papai. Ele está no mesmo hotel de vocês?

— Por coincidência, ele tem parentes nesta cidade. Parece que é natural daqui. Está na casa deles.

Nisso uma leve batida na porta interrompeu o diálogo. A porta se abriu e uma enfermeira acompanhada de um policial militar adentrou no recinto.

— Desculpe interromper, mas o sargento aqui precisa falar com a paciente. Como ela está melhor, o médico deu autorização.

— Boa tarde a todos. Desculpem a intromissão, mas eu preciso falar com a mocinha. Meu nome é Luiz Antônio Limeira, sargento da Polícia Rodoviária Estadual.

— Não há problema, sargento. Podemos ficar aqui? — perguntou Adalberto.

— Claro, pessoal. São apenas algumas perguntas de rotina, para preencher nosso boletim sobre o acidente. Estou percebendo que ela está bem melhor — comentou ele. — Na hora que a vi no local, pensei que não sobreviveria.

— Obrigada, sargento. Eu não lembro quase nada. Acho que desmaiei na hora.

Ele pegou uma pequena caderneta de notas e se aproximou da cama.

— Realmente, você estava sem sentidos quando fomos atendê-la. Mas, graças a Deus, está bem recuperada. Eu preciso lhe fazer algumas perguntas. Você poderia me responder, por favor?

— Claro, sargento.

— Qual o seu nome completo?

— Edna Marcia de Oliveira.

— Seu endereço?

Ela passou o nome da cidade e o endereço do apartamento dos pais.

— Vocês dois estavam vindo de Foz de Iguaçu?

— Sim, entramos no Paraguai para comprar algumas bugigangas, como uísque, dois celulares, um aparelho de som e outras coisinhas mais. Mas declaramos tudo na alfândega — mentiu ela.

— Seu companheiro bebia, ou melhor, estava dirigindo sob efeito de álcool?

— Não vou mentir, sargento. Realmente ele estava bem alcoolizado. Eu lhe pedi que se controlasse, porque era muito perigoso e ainda mais por causa da pista molhada. Mas ele não me ouvia. Inclusive ameacei várias vezes de abandoná-lo no primeiro local em que parássemos. Mas fiquei só na promessa — mentiu novamente.

— Mocinha, vocês não estavam transportando mais nada, além do que mencionou?

Edna lembrou-se da cocaína e da maconha, e sentiu seu coração bater mais forte.

— Claro que não, sargento. Vocês não revistaram o carro?

— Infelizmente não sobrou praticamente nada do carro. A não ser metal retorcido e a carcaça da lataria externa.

— Mas realmente não tinha nada. E nem mesmo as bugigangas que compramos se salvaram?

— Nada escapou, senhorita Edna. Bem, do rapaz eu não gostaria de falar, para não deixá-la nervosa. Mas dele também quase não sobrou nada.

Edna deu um grito e pôs-se a chorar.

— Coitado do Sérgio. Era uma pessoa muito boa, apenas com o defeito da bebida — respondeu Edna aos soluços.

— Não se desespere, minha filha — interferiu Margareth. Esse era o destino dele.

— Como pode ser tão fria, mamãe? Era um ser humano e eu gostava dele.

— Está bem, está bem, minha filha, me desculpe.

O sargento olhou para seu relógio de pulso e suspirou.

— Bem, faltam alguns pontos ainda. Como era o nome de seu companheiro de viagem? Você sabe o endereço dele? O nome dos pais ou de algum parente?

— Sargento, eu sei apenas o nome: Sérgio da Costa Pinheiro. Mais nada. A gente se encontrava em uma danceteria de Curitiba, bebíamos algumas cervejas e namorávamos.

— Moça, você namorava um completo desconhecido? E como então estavam viajando juntos, especialmente para tão longe, e ainda fazer compras no Paraguai?

— Ele me fez um convite e perguntou se eu não estava interessada em conhecer as Cataratas e pegar alguns uísques em Cidade do Leste. Acabei aceitando, pois era um passeio diferente.

O sargento ficou pensativo alguns momentos, e com o olhar desconfiado, mas nada falou.

— Bem, pessoal, já perguntei o que precisava. Tenho que levar este relatório à delegacia local. Senhorita Edna, antes de ir embora, deverá passar lá para assinar o boletim. Provavelmente lhe farão mais algumas perguntas, mas serão apenas de rotina como estas que lhe fiz. Eu vou indo, preciso dormir um pouco, estou acordado há quase 48 horas. Iremos procurar por algum parente do Sérgio, através da internet e dos arquivos policiais. Provavelmente localizaremos algo, através do registro na Polícia Civil. Bom dia a todos. Muito obrigado pela atenção. Uma rápida recuperação, mocinha.

— Obrigado, sargento — respondeu Roberto acompanhando o policial até a porta.

Ao sair, Luiz Antônio teve a certeza de que Edna estava mentindo. Sua reação um tanto nervosa à pergunta sobre o algo mais que poderiam estar trazendo confirmou isso. Provavelmente estavam envolvidos com o tráfico, ou no mínimo com contrabando.

Mas não havia maneira de confirmar. Ele apenas se questionou como uma moça, que evidentemente era de boa família e de nível social elevado, estaria envolvida nessa situação no mínimo suspeita. Enfim, não era problema seu resolver isso. A Polícia Civil teria que descobrir alguns parentes, para encaminhar o corpo. Isto é, o que restou do corpo. Mas, sem o endereço, seria praticamente impossível. O delegado certamente iria pressionar a moça, pois ela deveria saber muito mais do que dizia.

VINTE

Ronaldo chegou ao seu condomínio, estacionou o carro em sua vaga na garagem comunitária. Pegou a sacola e subiu ao terceiro andar pela escada, já que não havia elevador. Abriu a porta, e sentiu o cheiro típico de umidade. Isso era comum, visto que algumas janelas eram viradas para o sul e as outras ficavam à sombra do outro bloco de apartamentos ao lado norte. Imediatamente tratou de abrir tudo, na esperança de que o odor se dissipasse com o vento frio.

Jogou tudo em cima de uma cama, tirou a roupa e foi direto para o chuveiro. Depois de colocar um pijama, foi até a geladeira para procurar algo para comer. Encontrou apenas dois ovos e um pedaço de queijo. Fez omelete, misturado com o queijo, bebendo uma xícara do café solúvel que havia no armário.

Ao deitar-se, começou a pensar na estranha situação de Andréia. Ela realmente teria muitos problemas. Afinal, abandonar o lar como uma fugitiva era algo muito grave. Iria ter que brigar muito pela posse da filha, embora a lei protegesse mais a mãe do que o pai, no caso da guarda dos filhos. Um pouco antes de conciliar o sono, lembrou-se que o dia seguinte era um domingo e ficou tentado a ligar para ela, convidando-a para almoçarem juntos. Mas acabou dormindo com esse pensamento.

****

A casa de Maristela ficava anexa aos fundos do mercado que ela tinha com o marido e que àquela hora obviamente estava fechado. O acesso era por um corredor lateral no lado direito do prédio, fazendo divisa com o muro da construção vizinha e por onde elas entraram.

Olhando a extensão do edifício, Andréia comentou:

— Eu pensei que seu mercado fosse pequeno, Maristela.

— Mas não é grande mesmo. Apenas um entre centenas de outros desse porte que existem na cidade. Mas vamos para a parte de trás, onde ficam as dependências em que moramos. Vocês duas devem estar com fome. Enquanto tomam um banho, eu e Ana Sílvia preparamos alguma coisa para comermos. Depois iremos conversar. Quero saber em detalhes essa história toda.

— O Gilberto já chegou, Maristela?

— Agora, quando adentrarmos a garagem, saberemos. Mas provavelmente sim. Era para ter voltado antes do anoitecer.

Quando chegaram, havia um carro estacionado na outra vaga.

— Gilberto está em casa — comentou ela. — Eu lhe enviei uma mensagem de texto e ele está sabendo onde estive. Já deve estar começando a fazer algo para comermos. Sabe, ele cozinha bem, apesar de ser homem — falou rindo.

— O que é isso, Maristela? Os melhores cozinheiros do mundo são homens. Que preconceito é esse?

— Estou brincando, querida. Na realidade ele cozinha muito melhor do que eu. Vamos entrar logo. Ana Sílvia carregue a bagagem delas para dentro — falou dirigindo-se à filha.

Logo que abriram a porta, o cheiro de peixe assado destacou-se vindo da cozinha. O aroma era envolvente e impregnava toda a residência.

— Meu cunhadinho preferido, você está fazendo um banquete? — gritou Andréia.

— Oi, cunhada, entre e venha até aqui, para que eu possa lhe dar um grande abraço. Não posso sair do lado do fogão.

Gilberto era um homem alto, moreno, porte atlético, com entradas grandes nos cabelos e um sorriso cativante. Aparentava uns quarenta anos e muita disposição. Usava uma calça jeans surrada e uma blusa de moletom azul, sobre a qual estava preso um avental da mesma cor. Aproximou-se de Andréia com os braços grandes abertos e praticamente a ergueu contra o seu peito musculoso.

— Nossa, menina! Você não envelhece e está cada vez mais bonita. — Abraçaram-se por um breve momento e ele então se virou para Lisbeth.

— E essa princesa linda? Quem é? — Brincou ele. — Aposto que é minha sobrinha gaúcha. — Pegou-a pelos braços e a girou como se fosse uma boneca.

— Gilberto! Você vai derrubar a criança — gritou Maristela.

Lisbeth entrou em um riso incontrolável, divertindo-se com um tipo de brincadeira que não havia feito antes, pois seu pai nunca brincava com ela.

— O tio ainda não conhecia você, minha querida. E nem você a mim. — riu-se da bobagem que havia falado. — Mas agora temos muito tempo para um conhecimento mútuo. E virando-se para Andréia:

— Como foi de viagem, cunhada? Quem é a pessoa que lhe trouxe até Curitiba?

— Viemos bem, Gilberto. Quem nos deu carona foi um desconhecido, pelo menos no início. Mas depois que o conheci verifiquei que é uma excelente pessoa. Ele mora aqui e é engenheiro elétrico. E vocês, como vão? Não vim incomodar todo mundo aqui, lhes dando trabalho e despesas?

— Não diga assim, Andréia, você sabe que é minha cunhada especial e é um grande prazer tê-la conosco. Pode ficar o tempo que quiser.

— Claro, só tem uma cunhada mesmo — respondeu ela rindo. — Agora, vou carregar a bateria do celular e ligar para papai e mamãe, avisando-os onde estou.

— Será bom mesmo, minha querida. Eu já liguei para eles antes de ir pegá-la na frente do quartel. Mas ligue novamente para contar que foi tudo bem na viagem. Eles estão preocupadíssimos — comentou Maristela.

— Farei isso sim, logo que a bateria estiver com carga.

— Que nada. Use nosso telefone fixo — ofereceu Gilberto. — Enquanto isso eu termino aqui e Maristela arruma a mesa. Você e Lisbeth tomarão banho antes de dormirem. Temos muito que conversar.

Andréia dirigiu-se para o local onde Maristela mostrou que estava o aparelho oferecido e ligou para sua mãe. Após três toques, uma voz feminina e um tanto cansada respondeu:

— Alô.

— Mamãe, sou eu, Andréia.

— Minha filha, como vocês estão? — perguntou já com voz chorosa do outro lado da linha. — O que aconteceu para que você fizesse essa bobagem toda?

— Calma, mamãe! É uma longa história que pretendo lhe contar, mas não agora. Eu e Lisbeth estamos bem. Chegamos agora à noite na casa de Maristela e do Gilberto. E papai como está? Muito zangado?

— Seu pai ficou quase louco de preocupação. Mexeu com meio mundo e principalmente a polícia. Por que não nos avisou, querida? Podia ter ligado avisando o que iria fazer e para onde iria.

— Já lhe disse, mamãe, que não é hora para lhe contar detalhes. Apenas fiquem tranquilos. Além disso, eu não tinha o número do telefone de titia. Mas estou bem. Vamos jantar agora. Um beijo para a senhora e outro para o papai. Tchau.

— Tchau, querida. Não demore muito para ligar novamente. Beijos e um abraço para o Gilberto e Ana Sílvia. Um beijo longo na Lisbeth. Ah, deixe-me falar um pouquinho com ela.

— Ok, mamãe! Lisbeth, venha cumprimentar sua avó — gritou para a menina que estava no quarto arrumando o pouco de suas roupas. Quando ela chegou, lhe entregou o telefone e foi até a sala de jantar, onde Ana Sílvia acabara de arrumar a mesa.

— Você está uma moça muito bonita, minha sobrinha querida. Puxou sua mãe.

— Bondade sua, tia — respondeu com um pouco de timidez.

— Você está estudando o quê?

— Este ano concluo o ensino médio, então quero prestar vestibular para arquitetura.

— É um excelente curso. Tem muitas faculdades de arquitetura na cidade?

— Deve ter umas quatro ou cinco. Mas apenas duas são públicas. As demais são particulares.

Nisso Maristela chegou à sala com dois pratos de comida fumegantes e ordenou que todos se aproximassem da mesa.

— Gilberto, pegue a salada e o vinho. O arroz e o peixe já estão aqui. Ah, traga o pão também.

Com todos sentados ao redor da mesa, Gilberto pediu que todos dessem as mãos e se unissem em uma oração de agradecimento por tudo que haviam recebido neste dia, inclusive o alimento que iriam ingerir.

Quando terminaram a refeição, e após as mulheres acabarem de lavar a louça, ele convidou Andréia e Maristela para sentarem-se na sala, enquanto Ana Sílvia e Lisbeth foram ao quarto para terminar de arrumar as camas.

— Então, minha cunhada — começou ele —, conte-nos sua história.

Andréia repetiu tudo como havia narrado para Ronaldo, não omitindo nada. No final, Gilberto se dirigiu a ela, com o olhar preocupado.

— Você errou. Errou muito. Deveria ter procurado a polícia, ao menos teria um ponto para apoiar sua defesa.

— Eu sei disso, Gilberto. Foi exatamente o que Ronaldo me falou. Mas na hora eu não pensei direito e acabei fazendo essa bobagem. Inclusive saí de casa praticamente sem nada. Sem dinheiro, sem roupas e até sem documentos, a não ser minha CNH, que estava em minha bolsa.

— Dinheiro não é problema, nem as roupas. O problema real é a falta de documentos. Mas com a CNH você resolverá muita coisa. Espero que seja uma carteira moderna, com RG e CPF.

— Sim, possui esses dados.

— É suficiente, por enquanto — disse ele.

— Gilberto, será que só com esse documento eu consigo sacar algum dinheiro no meu banco?

— Acho que sim. Se você se identificar para o gerente, ele certamente autorizará um cheque avulso, na boca do caixa. Qual é o banco?

— Caixa Econômica Federal.

— Você deu sorte, cunhada. É exatamente nesse banco que mantenho a conta corrente do mercado. Segunda-feira nós iremos à minha agência e eu a apresento ao gerente.

— Obrigado, Gilberto, ficarei eternamente grata.

— Me diga uma coisa, Andréia, como é esse homem que lhe deu carona até aqui?

— É uma excelente pessoa, engenheiro elétrico, como eu lhe disse antes, e foi muito educado, mas é um pouco calado. Pouco falou durante a viagem toda. A tagarela fui eu — respondeu rindo.

— Muito bem, amanhã é domingo e, para você agradecer a atenção dele, telefone e o convide para vir almoçar conosco. Farei um churrasco.

— Obrigado novamente, Gilberto. Amanhã cedo farei isso. Maristela, você pode me emprestar o carregador de baterias de seu celular? Acho que deixei o meu em casa. Não consegui encontrar entre minhas coisas.

— Claro, minha irmã. Aproveite e carregue durante a noite.

VINTE E UM

Ronaldo acabara de acordar quando ouviu o toque do seu celular.

— Ronaldo? — falou uma voz feminina. — Aqui é a Andréia. Acordei você?

— Não, Andréia. Eu estava acordado, mas ainda deitado. Tudo bem?

— Sim, está tudo bem, obrigada. Você tem algum compromisso para o almoço?

— Não. Por quê? Você quer almoçar comigo?

— Sim, mas será aqui na casa de minha irmã, isso se você quiser vir.

— Está me convidando, menina? Eu não conheço seu cunhado. Como irei almoçar na casa dele? Sou um estranho.

— Mas é exatamente ele quem o está convidando. Que tal? Virá?

— Está bem irei. Mas como acharei a casa?

— Não há problema. Posso lhe passar o endereço, ou pedirei para Maristela me levar onde você me deixou ontem e daí você segue o carro dela. Pode ser?

— OK! Então eu a esperarei ali pelas 10h30 no local onde a deixei, fica bom para você?

— Está bem. Aguardo-o nesse horário no local combinado.

Quando ela desligou, ele olhou no relógio: 8h30. Concluiu que teria tempo para banhar-se e barbear-se.

Após arrumar-se, desceu as escadas e foi direto para uma lanchonete próxima onde pediu um café preto enquanto lia o jornal do dia, que estava sobre o balcão. Novamente política. Apenas isso que esse país respirava e comia nesses últimos meses. Afinal, estava ocorrendo uma mudança radical no sistema da nação, e aí estava o resultado: poeira de muros e paredes derrubadas. Muitas acusações e trocas de ofensas e farpas de ambos os lados. Aparentemente, havia ocorrido uma divisão no povo. Aqueles que apoiavam o candidato derrotado de esquerda nas urnas, e os que haviam colocado um novo presidente mais conservador e aparentemente nada corrupto de direita.

Quando chegou ao local do encontro, ainda não era o horário combinado. Ele estacionou no mesmo local da noite anterior, desceu e acendeu um cigarro. O primeiro do dia, falou com seus botões.

Estava terminando de fumar, quando viu o carro de Maristela se aproximar, tendo ao lado Andréia toda sorridente. Quando o veículo parou atrás do seu, a companheira de viagem saltou rapidamente e se dirigiu correndo até ele, lhe dando um beijo rápido na face. Estava muito bonita, usando um vestido azul, com um grande decote e uns dez centímetros acima do joelho. Usava uma sandália branca de salto alto, o que realçava ainda mais a sua elegância. Possuía pernas bem torneadas e longas, usando uma maquiagem simples, mas exalando um perfume muito sensual. "Realmente é uma mulher linda e atraente", pensou Ronaldo.

— Vamos, querido — falou ela. — Siga o carro de Maristela.

Embora tenha estranhado aquele tratamento, ele achou maravilhoso ser assim chamado por uma mulher como aquela.

— Então vamos entrar, pois a pé não poderemos acompanhá-la — respondeu ele rindo. Ela também riu e deu a volta indo para o lado do passageiro. Quando entraram o perfume dela, embora suave, impregnou o ar do interior do veículo.

— Hoje você está muito linda e atraente, "querida" — comentou rindo.

— Você acha, Ronaldo? — ao mesmo tempo em que pousava sua mão esquerda no joelho do homem.

Nesse momento, Ronaldo soube que iria se envolver com aquela mulher. Não seria difícil amá-la e talvez fosse correspondido com a mesma intensidade. Mas havia no mínimo dois problemas: o primeiro e mais urgente, era o fato de ela não ser uma mulher livre, o que no mínimo poderia demorar ainda mais de um ano no mínimo, além da batalha judicial que a mesma teria que enfrentar com o marido. Segundo: ele, Ronaldo, não estava muito disposto a se envolver seriamente com qualquer mulher, visto que após ficar viúvo tivera uma meia dúzia de casos sentimentais, que acabaram dando em nada, a não ser desgaste emocional.

Além disso, ele sabia que Andréia não era uma mulher apenas para uma aventura. Seria muito frustrante para ela ter uma nova decepção amorosa, após sair de um casamento conturbado há tão pouco tempo. Portanto, concluiu que um romance entre ambos seria pouco provável. Também havia a grande possibilidade de que ela não estar interessada nele, mas que seu gesto de tocar em seu joelho era apenas mera formalidade de uma mulher moderna que estava feliz no momento. Logo se recriminou por esses pensamentos infantis. Afinal, o que estava pensando? Isso não era digno de um homem que conhecera uma mulher, e a quem acabara de ajudar.

Permaneceram em silêncio durante todo o trajeto, mergulhados em seus pensamentos, quando Ronaldo percebeu que o carro de Maristela após ligar a seta no meio de uma quadra, entrou em uma espécie de corredor entre dois prédios.

— Chegamos, Ronaldo. Esse edifício, do lado esquerdo, é o mercado de minha irmã. Eu havia imaginado bem menor. Enganei-me. Possui seis caixas, o que lhe dá a condição de médio porte.

— Eu lhe disse, Andréia, que se ele se encontrava neste bairro, não deveria ser pequeno.

— Entre atrás do carro dela, para que seu veículo não fique na rua.

Quando desembarcaram, Ronaldo viu um homem e imediatamente simpatizou com ele. Parecia uma pessoa sincera e de confiança, com seu sorriso franco.

— Esse é o meu cunhado, Gilberto Nunes de Souza — falou ela enquanto o homem se aproximava hospitaleiro. — Este é Ronaldo, que me deu a carona até aqui.

Os dois homens apertaram as mãos, não passando despercebida de Ronaldo a pegada forte do outro.

— Vamos entrar, Dr. Ronaldo — falou ele.

— Por favor, não vamos começar mal usando formalidades. Apenas Ronaldo, por favor.

— Ok! Também somente Gilberto — respondeu o outro.

— Os homens se aproximaram da garagem, onde dois carros estavam estacionados um pouco afastados de uma churrasqueira, que ardia com um crepitar convidativo, e já com três espetos de carne crua, um pouco afastados das chamas.

— Vamos sentar aqui — falou Gilberto. — Enquanto isso as mulheres "pilotam" o fogão. Aceita um drinque? Tenho uísque, vodca e conhaque e outros destilados. O que prefere?

— O que você for beber, Gilberto, eu acompanho.

— OK! Vou pegar um uísque então.

Quando o homem se retirou, ele percebeu, pelo canto dos olhos, Lisbeth correndo em sua direção.

— Tio! — gritou ela. — Eu já estava louca de saudades.

Sem levantar-se da cadeira, ele abriu os braços e ela se lançou violentamente ao seu encontro, beijando-o afetuosamente em seu rosto. Observou que ela se encontrava com a mesma roupa do restaurante da estrada, onde as encontrara. Porém, seu cabelo estava com uma espécie de trança que chegava ao meio das costas.

— Eu queria ir buscá-lo junto com mamãe, mas ela não esperou eu levantar-me. Além disso, minha prima, Ana Sílvia, quis arrumar meu cabelo. Desculpe, tio.

— O que é isso, querida? Agora estamos juntos e assim ficaremos por mais algumas horas. Eu também estava doido de saudades dessa bonequinha linda. Dormiu bem?

— Sim, apesar do barulho dos carros na rua. Mas em nosso apartamento também havia muito tráfego na frente do prédio.

Ronaldo pegou a sacola que havia trazido e entregou à menina.

— Eu havia lhe prometido um presente, querida. Aqui está. Veja se gosta.

Enquanto isso, Andréia aproximou-se com uma bandeja e vários petiscos, um pequeno balde de gelo e três copos. Trazia no rosto novamente um sorriso luminoso, como se em sua vida não houvesse problema algum.

— Vou acompanhá-los no uísque que Gilberto foi buscar no mercado. Maristela prefere vodca, que já está bebericando — falou rindo.

— O que é essa sacola, minha filha?

— Um presente que o tio Ronaldo me trouxe. Já examinei. É uma boneca Baby. Obrigada, tio. Adorei — falou enquanto pulava novamente em seu pescoço e o beijava outra vez.

— Por que isso, Ronaldo? Ela está cheia de bonecas lá em nosso apartamento.

— Então? Falou certo. Em seu apartamento. Aqui não tem nenhuma. Tive sorte de encontrar uma lojinha onde comprei essa boneca. Hoje é domingo e praticamente tudo está fechado. E, como eu já comentei antes, você está muito elegante. Um bom gosto para roupas, o seu — falou ele, desviando o assunto.

— Obrigada, Ronaldo, mas não são minhas. O vestido é de Ana Sílvia e o sapato de Maristela. Amanhã irei ao banco onde Gilberto tem conta-corrente, que, por coincidência, é o mesmo onde também tenho a minha. Ele me apresentará ao gerente e faremos um cheque avulso para eu sacar um pouco de dinheiro. Então lhe pagarei tudo que você gastou comigo e irei comprar algumas roupas para mim e Lisbeth.

— Estava demorando você falar em me pagar. Eu até achei falta dessa conversa boba. Não estou cobrando nada, e nem vou cobrar. Você já deveria saber. Mas qual é o banco?

— Caixa Econômica Federal. Existe uma agência aqui do bairro mesmo.

— Eu também tenho conta na Caixa. Pode ser que seja a mesma agência dele. Seria bom, assim seríamos dois a apresentá-la, pois, como você me disse, está sem documentos, além da carteira de habilitação. Embora hoje a CNH contenha o CPF e o RG.

— Tomara que seja a mesma agência. Quando ele voltar, vamos perguntar.

Logo a seguir Gilberto retornou trazendo um litro de uísque Chivas Regal. Ronaldo assobiou e disse:

— Nossa! Aonde eu vim parar? Uísque Escocês desse nível? — comentou brincando.

— Pode parar, Ronaldo. Um engenheiro e empresário como você se admirando com uma bebida um pouco melhor? — disse Gilberto rindo.

Andréia pegou o gelo e começou a distribuir nos copos, perguntando a cada um dos homens a quantidade de pedras que eles queriam.

— Eu não quero gelo, Andréia. Um uísque dessa natureza não pode ser misturado com gelo. Foi armazenado em barris de carvalho durante uns vinte anos para envelhecimento, e agora mistura-se água para beber. Não combina — falou Ronaldo.

— Andréia, você, por favor, vá servindo a bebida, que vou olhar a carne que está assando. Maristela já está chegando — comentou Gilberto.

Quando ficaram todos juntos, os homens começaram a conversar sobre várias coisas, como o tempo, futebol e política. As mulheres falando sobre outros assuntos, totalmente femininos.

Ana Sílvia perguntou como estava o assado e quando Gilberto disse que ainda demoraria cerca de uma hora, ela apenas moveu a cabeça, dizendo que seria bom ficar bem assada mesmo.

A conversa continuou animada, enquanto bebiam o uísque e Maristela bebericava a vodca com suco de maracujá, açúcar e gelo.

Enfim, o assado ficou pronto e todos entraram na casa. Sentaram-se à mesa e o dono novamente repetiu a rotina do jantar e pediu que todos se dessem as mãos, proferindo uma prece antes de iniciarem a refeição. A conversa continuou animada com a comida muito bem preparada pela mãe e a filha, já que Andréia não havia participado, a não ser dos salgadinhos e dos drinques.

Terminada a refeição, Ronaldo perguntou a Gilberto onde era agência da Caixa que ele tinha conta, naquele bairro.

— Na Erasto, bem no início da rua.

— Então, é a mesma agência minha. Isso é ótimo, porque seremos dois a apresentar Andréia para o gerente. Quando você poderá ir?

— O mais breve possível. Andréia, poderemos ir amanhã ao banco, pela parte da manhã? — perguntou Gilberto. — Terei pouco serviço nesse horário.

— Claro, cunhado. Ronaldo vai também?

— Sim. Amanhã cedo eu encontro vocês dois na frente da agência. Mas antes irei ao escritório, pois o banco só abre às dez horas mesmo.

A conversa continuou tomando vários rumos, porém voltando à política, situação econômica do país, e outras coisas sem grande importância. Depois todos se levantaram e foram ajudar a arrumar a mesa e limpar o chão. Isso ficou a cargo dos homens, enquanto as mulheres cuidavam dos pratos e de guardar a comida restante.

Passava das dezesseis horas quando Ronaldo resolveu se despedir.

— Gilberto, Andréia possui o número do meu celular. Por favor, anote-o que estaremos em contato definitivamente.

Após apertar a mão de todos e agradecer o almoço, beijou Lisbeth no rosto, que retribuiu agarrando-se novamente ao pescoço do homem.

— Não demore muito para vir me ver, tio. Já estou morta de saudades.

Todos riram e Andréia o acompanhou até o carro.

— Gostou do pessoal? — perguntou ela.

— Muito sociáveis e hospitaleiros — respondeu enquanto abria a porta do veículo. — Amanhã cedo eu ligarei para você, a fim de marcarmos o horário exato para nos encontrarmos na agência bancária.

— Está bem, Ronaldo. Eu pegando o dinheiro, irei acertar as contas com você.

— Já estava demorando em falar nisso. Não acha que esse assunto já está se tornando chato?

— Você sabe, Ronaldo, que não ficarei tranquila enquanto não acertar essas despesas que teve conosco.

— Está bem, Andréia. Deixe-me ir agora, pois tenho que arrumar alguns papéis para levar ao escritório amanhã cedo, antes de ir do banco.

Ela beijou-o no rosto, ao lado dos lábios, enquanto agarrava seu pescoço.

— O que está acontecendo, Andréia?

Ela, totalmente com as faces vermelhas, simplesmente baixou a cabeça e nada disse. Então ele virou-se e entrou no carro.

— Amanhã nos veremos — comentou enquanto dava partida no motor.

Ela ficou observando-o, enquanto ele saía de ré pelo corredor estreito onde entrara na chegada. Quando já estava quase fora de vista, Andréia acenou uma despedida, o que foi correspondido pelo homem.

Na manhã seguinte, Ronaldo chegou ao banco em torno das 10h30, após ter marcado com Andréia no telefone. Em frente à agência, ela e Gilberto esperavam em um carro estacionado com os vidros fechados. Ele desceu, aproximou-se do veículo e bateu de leve na janela do motorista, pois eles não o tinham visto.

Imediatamente o homem abriu a porta, seguido pela mulher, que estampava um sorriso feliz no rosto.

— Vamos lá resolver isso logo — falou Gilberto.

O movimento estava intenso, com longas filas nos vários caixas, mas eles se dirigiram diretamente à mesa do gerente, que, vendo os dois homens bem conhecidos aproximarem-se, levantou-se de sua cadeira e foi encontrá-los no meio do caminho.

— Ora, que bela surpresa — comentou o homem. — A que devo a honra da visita de meus dois melhores clientes? — falou brincando.

O gerente era de origem sírio-libanesa, com cerca de quarenta anos, naturalizado brasileiro, e chamava-se Mohammed Al Salim. Ronaldo cumprimentou-o com uma saudação árabe:

— Salaam alaikum!

— Wa Alaikum as-Salaam — respondeu o outro, com uma reverência também em árabe.

Andréia e Gilberto sorriram, e Ronaldo continuou, brincando:

— Viemos aqui para levar todo o dinheiro desta agência.

Os três sentaram-se na frente do gerente e, sem delongas, explicaram o motivo da visita.

— Não há problemas. Pelo seu nome e CPF, consultaremos a agência de sua cidade e também sua conta. A senhora acaso sabe o número da agência e de sua conta corrente?

— Sim — disse ela anotando o número em um papel.

— Apenas a fila de clientes está meio grande hoje, mas vou dar um jeito. — Ele chamou uma funcionária, alta, loura e bonita, dizendo:

— Prepare um cheque avulso no valor de... Quanto mesmo? — perguntou a Andréia.

— Cinco mil reais — disse ela. — Será que seria possível eu abrir uma conta aqui e transferir todo o meu saldo?

— Claro, será um prazer para nós. Você gostaria de fazer isso agora?

— Não. Hoje eu tenho algumas compras para fazer e, além disso, meus apresentadores aqui ao lado têm seus compromissos de trabalho. Poderei vir amanhã? Precisarei de alguns documentos, além desses que constam em minha CNH?

— Não! O CPF e o RG são suficientes.

— Está bem então — disse ela. — Amanhã ou o mais tardar na quarta-feira virei aqui.

Após preencher o cheque e Andréia assinar, o gerente mandou novamente a funcionária retirar o dinheiro em um dos caixas. Quando o numerário chegou, os três levantaram-se e, após agradecerem o homem, despediram-se e se retiraram. Lá fora Andréia puxou Ronaldo pelo braço, até um canto do prédio e disse:

— Muito bem, Ronaldo. Agora vamos acertar nossas contas. Quanto lhe devo?

— Andréia, já lhe disse várias vezes que não vou cobrar nada. Mas se você faz questão, no sábado à noite eu a pegarei na casa de sua irmã, você traz Lisbeth e seus parentes junto e faremos um jantar em meu apartamento. Você cozinhando estará tudo pago — falou brincando.

— Então eu levo os ingredientes. Basta você dizer o que deseja que eu faça — respondeu ela.

— Negativo. Em minha casa ninguém leva nada para comer. No máximo fazer a comida, já que eu sou um péssimo cozinheiro. Você me diz o quer cozinhar e me entrega a lista. Vou comprar no mercado de seu cunhado.

— Ora, Ronaldo. Como eu vou saber o que você quer comer?

— Está bem. Vamos fazer estrogonofe. Diga os ingredientes, compro e você cozinha. Certo?

— Decidido então. Mas conversaremos antes de sexta-feira?

— Claro. Eu esperarei sua ligação. Você já tem o número de meu telefone.

— Então eu vou indo, pois o Gilberto parece estar ansioso lá no carro.

Despediram-se com beijos nas faces e Ronaldo entrou em seu veículo, dando partida em seguida, enquanto Gilberto fazia o mesmo.

Quase duas semanas transcorreram e Andréia não entrou em contato com Ronaldo. Ele estranhou essa atitude da mulher, mas não quis ligar também. Afinal não desejava interferir na vida dela.

Dez dias após a ida deles ao banco, à noite, Ronaldo recebeu uma *ligação dela.*

— Boa noite, Ronaldo. Como está você? Podemos conversar um pouco?

— Boa noite, Andréia. Podemos sim. Eu estou assistindo a um filme na TV, mas já está acabando e, além disso, não é bom.

— Não vou atrapalhar?

— Não vai não. Aliás, eu queria mesmo saber como tem passado esses dias todos.

— Desculpe-me por não ter entrado em contato antes, mas me envolvi com o banco e conversas com minha mãe, me colocando a par das coisas por lá. Aliás, ela também me enviou os documentos pessoais. Além disso, estive participando de uma entrevista para emprego. Mas isso eu contarei depois. Podemos ir a um barzinho, lanchonete ou boate? — perguntou ela. — Não está muito tarde para você?

— Amanhã eu não trabalho mesmo. Não tenho horário para ir dormir ou levantar. Como faremos? Quer que eu vá buscá-la na casa de sua irmã?

— Pode ser. Que tal ali pelas vinte e duas horas? Preciso me arrumar ainda.

Ronaldo olhou no relógio e percebeu que teria uns cinquenta minutos pela frente.

— Tudo bem. Só preciso tomar um banho, barbear-me e já irei.

— Certo, Ronaldo, eu estarei esperando. Um beijo e até lá.

VINTE E DOIS

Edna e seus pais finalmente chegaram a Curitiba, após uns dez dias de internamento dela. A viagem foi normal, com ela deitada no banco traseiro do carro e a cabeça no colo da mãe, enquanto o motorista e o pai ficaram na frente.

Na capital, Adalberto internou-a no Hospital das Clínicas, onde seriam realizados vários exames médicos. Embora ela ainda estivesse enfaixada no peito e com gesso no braço quebrado, as dores haviam diminuído sensivelmente.

Durante os dois dias em que ela permaneceu no apartamento do hospital, à disposição dos médicos, Adalberto finalmente a interrogou, e desta vez ela não teve saída a não ser contar grande parte da verdade, omitindo, entretanto, a parte do tráfico de drogas ao homem, o qual ficou chocado com o tipo de vida que a filha levava, sem que ele soubesse. A mãe chorou muito, abraçada a ela, enquanto o pai, zangado, começou a fazer ameaças como cortar o dinheiro que ela pegava deles e também cortar as mensalidades da universidade.

Finalmente, após mais de uma hora de conversa e muito choro das duas mulheres, ela jurou que modificaria seu estilo de vida, e, juntamente com a mãe, convenceu o homem a ceder no que se referia à faculdade. Ele, entretanto, não cedeu ao cortar os cartões de crédito e débito da filha.

Edna só iria se recuperar totalmente apenas em meados de dezembro, o que lhe custaria o ano letivo. Esse foi um dos grandes preços que teve que pagar por sua irresponsabilidade. Enfim, ainda era bem jovem e um ano perdido quase nada significava em sua vida. Nesse ínterim de sua recuperação em casa, foi muito paparicada por sua mãe, que teve o auxílio de uma irmã de criação, que morava perto.

Em uma dessas visitas, próximo ao Dia de Finados, a tia trouxe seu filho caçula de vinte e cinco anos, morador de São Paulo, onde cursava o último ano da faculdade de medicina, e que estava passeando na capital paranaense, aproveitando um feriado prolongado para visitar a mãe.

Quando Edna o viu, não o reconheceu, pois há mais de doze anos que não se encontravam. Era um rapaz, alto, moreno claro e de porte atlético. Ela rapidamente se interessou pelo jovem, principalmente ao descobrir que ele ainda era solteiro. Chamava-se Rogério. A atração foi mútua e a conversa entre ambos começou a desandar para o lado da "paquera".

Nos três dias em que o rapaz ficou na cidade, grande parte do tempo ele passava na casa de Edna, onde ambos conversavam longamente. As duas mães viam com bons olhos a atração que estava surgindo entre ambos.

Aos poucos eles iniciaram um namoro sob o olhar atento do pai da menina, que, embora sabendo que o "leite já estava derramado", ainda tentava controlar a filha. Dali alguns dias o rapaz partiu para São Paulo, combinaram que passariam o Natal e o Réveillon com as duas famílias juntas.

VINTE E TRÊS

Cinco minutos antes do horário combinado, Ronaldo estava estacionado na frente do mercado de Gilberto e Maristela. Logo viu Andréia aproximar-se pelo corredor lateral, usando um vestido preto e uma blusinha branca por cima, pois o clima de Curitiba, principalmente à noite, é um pouco frio, ainda mais em setembro, embora este mês não tivesse esfriado tanto. Novamente, quando ela entrou no carro, ele sentiu o perfume inebriante da mulher. Ela havia prendido o cabelo numa espécie de coque no alto da cabeça, o que destacava seu lindo pescoço comprido e branco. Dois brincos em forma de argolas grandes e dourados realçavam ainda mais sua beleza. Ela fechou a porta do carro e antes de colocar o cinto de segurança, dobrou-se em direção a ele e o beijou na face.

— Gostei do aroma da sua loção pós-barba — falou mantendo o rosto bem próximo ao pescoço do homem.

— E eu desse seu perfume exótico, para não dizer erótico.

Os dois riram e ela colocou o cinto enquanto ele partia com o veículo.

— Ronaldo — começou ela —, eu quero me desculpar por não ir ao seu apartamento para fazermos aquele jantar que combinamos. Mas, como eu lhe contei, me envolvi tanto com outros assuntos que não foi possível.

— Tudo bem, Andréia. Está desculpada. Mas continua me devendo esse jantar.

— Prometo de pés juntos que iremos fazer o estrogonofe em seu apartamento, querido. Aonde vai me levar, homem lindo?

— Que tal um motel, menina sedutora? — falou brincando.

— Olha que eu posso aceitar, seu conquistador.

— Brincadeira, Andréia. Mas bem que seria interessante. Vamos a uma boate que conheço, porém antes beberemos alguma coisa e jantaremos. Estou com fome, você não está?

— Não muito, Ronaldo, mas podemos ir a uma lanchonete e comer algo mais leve. O que você acha?

— Pode ser sim. Afinal está um pouco tarde para um jantar.

Entraram na Rua Sete de Setembro e estacionaram o veículo em frente a uma lanchonete, onde se destacava uma grande placa de neon em vermelho com o nome de Cosa Nostra.

— Bem sugestivo o nome — comentou Andréia rindo. — A casa deve estar cheia de mafiosos lá dentro.

— É apenas um nome. Na realidade, nos fundos funciona uma boate. Mataremos dois coelhos em uma só cajadada — disse ele. — Faremos um lanche e depois poderemos dançar.

A lanchonete era bem iluminada, mas com poucas pessoas fazendo uso dela. Após se acomodarem em dois tamboretes e depois de pedirem hambúrguer com cerveja, Ronaldo perguntou:

— E Lisbeth? Ficou dormindo?

— Sim! A prima dela cantou algumas canções de ninar e minha bonequinha empacotou cedo.

— Alguma novidade ou notícia sobre seu marido, ou seus pais? — perguntou ele.

— Sim! E tem bastante. Falei com mamãe ao telefone, várias vezes durante este tempo todo. Ela me deixou a par da situação. Realmente, Jairo já procurou a justiça, mas não antes de ir à polícia prestar queixa contra meu abandono de lar e sequestro da nossa filha (o termo que usou na polícia). Terei um problema sério pela frente, como você me falou. Mamãe também ficou sabendo por um dos vigias e pelas faxineiras do prédio de apartamentos onde morávamos que ele anda bebendo muito, pois o viram chegar embriagado várias vezes.

Entretanto, Gilberto está me arrumando um advogado amigo dele, que parece ser muito bom. Ele quer conversar pessoalmente comigo. Mas, pelo que disse Gilberto, parece que as coisas não são bem assim. Enfim, vou conversar com ele amanhã e veremos o que irá me dizer.

— Enfim, Andréia, *et voluisse Sat est* (A sorte está lançada). Agora só resta esperar o desenrolar dos acontecimentos. Seu advogado sendo um bom profissional, certamente terá muitas chances de ganhar a causa, ou pelo menos amenizar um pouco para o seu lado. Você deve saber que bons advogados muitas vezes ganham causas praticamente perdidas.

— Vou ficar na torcida para que isso realmente aconteça. Preciso ficar com a guarda de Lisbeth depois de nosso divórcio. Ah, tem outra coisa: mamãe enviou-me pelo correio meus documentos, e outros objetos pessoais, inclusive minha carteira de trabalho, que foi dada a baixa pelo diretor do hospital, como se eu tivesse pedido para sair do serviço. Ela esteve conversando com ele e o homem entendeu minha situação. Agora posso procurar trabalho aqui na capital dos paranaenses e alugar um pequeno apartamento para mim e Lisbeth.

— Vou falar com um colega de trabalho que tem uma irmã que é médica no Hospital do Trabalhador, para ver se eles precisam de uma bioquímica por lá — comentou Ronaldo.

— Nossa, meu amigo. Fará isso por mim? Ficarei lhe devendo mais essa. Ah, também participei de uma entrevista no Hospital das Clínicas e fiquei bem esperançosa.

— Essa médica que lhe falei tem contatos com outros hospitais e irá pesquisar em vários lugares.

— Que ótimo, Ronaldo. Você é meu anjo da guarda. Algumas vezes à noite na cama fico pensando o que eu teria feito de minha vida, se você não tivesse aparecido aquele dia no restaurante de beira de estrada. Foi a minha salvação.

— Não exagere, Andréia. Outra pessoa teria aparecido e resolvido tudo também. Mudando de assunto, vamos terminar de comer e entrar na boate ali dos fundos, para dançarmos um pouco. O que você acha?

— Ótimo. Eu já terminei. Só vou ao toalete arrumar um pouco o cabelo, retocar a maquiagem e pronto. Aguarde-me aqui, por favor.

Arrumaram uma mesa em um canto, um pouco longe da pista de danças, e também distante do palco, onde um pequeno conjunto de seis músicos executava sucessos nacionais dos anos 1970 e 1980, misturados com antigos boleros mexicanos, baladas francesas, italianas e rock. O ambiente estava na penumbra; apenas com abajures individuais em cada mesa. Não havia muitos casais dançando, mas o clima era bastante romântico.

— Vamos beber o quê, Andréia?

— Que tal uísque com soda?

— Pode ser, mas não posso beber muito, pois estou dirigindo.

— Eu também não poso exagerar, senão como chegarei à casa de Maristela cheirando álcool? — falou ela rindo.

Pediram ao garçom duas doses para cada um, e enquanto o rapaz providenciava, Andréia voltou-se ao companheiro.

— Vamos dançar agora, Ronaldo?

— Acho melhor esperar a bebida chegar, daí a gente fica mais "quente" — comentou com malícia.

— Parece que você quer me paquerar.

— Seria uma boa para mim, mas não posso esquecer que você ainda é uma mulher casada.

— Acho que isso não será impedimento. Afinal estou separada e logo estarei divorciada. Portanto, já me sinto uma mulher livre — respondeu ela enquanto tocava com a sua a mão dele, sobre a mesa.

As bebidas chegaram e foram servidos por outro garçom mais idoso, mas muito bem arrumado. Bebericaram durante uns vinte minutos observando os poucos casais agarrados na pista de danças.

— Vamos dançar, menina? Uma música lenta, o que acha?

— Claro, Ronaldo. Viemos aqui para isso, não é verdade?

Nesse momento o conjunto começou a tocar uma balada francesa, antiga, mas que fez muito sucesso em sua época: *Aline*.

Eles levantaram-se e foram em direção ao centro da pista, que ainda estava com poucas pessoas. Ele a pegou pela cintura, e ela lhe agarrou o pescoço com ambas as mãos, e se encostou totalmente em seu peito. Ele sentiu o calor do corpo dela e seu perfume sensual entrou em suas narinas, enquanto ela apoiava a cabeça embaixo do queixo do homem. Ele não resistiu e a puxou com força enquanto suas pernas se entrelaçavam em movimentos lentos, ao compasso da música.

— Nossa, Andréia. Estamos indo rápido demais — comentou com a voz meio arrastada.

— Acha que estamos fora do ritmo? — respondeu ela com malícia.

— Sabe muito bem que não estou falando disso, menina. Vou acabar ficando excitado com seus seios apertados contra meu peito, seu corpo sensual e suas pernas entre as minhas. E daí? Como resolverei esse problema?

— Um problema que também terei que resolver — respondeu ela em um sussurro e com a boca quase encostada nos lábios dele.

Ele sentiu a ereção no mesmo instante, e ela percebendo isso, apertou-se ainda mais contra o corpo do companheiro, como se isso ainda fosse possível.

— Acho melhor pararmos, Andréia. Vamos voltar para a mesa antes que fiquemos ambos em "ponto de bala". Depois só poderemos resolver isso da maneira que ambos sabemos. Penso que ainda não é a hora para isso.

— Por que não, Ronaldo? Eu quero.

— Vamos nos sentar, Andréia. Quero conversar mais um pouco com você.

Meio a contragosto, puxada pela mão, ela o seguiu até a mesa. Ele arrumou a cadeira para ela e sentou-se em sua frente. Então, finalmente percebeu como essa mulher era atraente e bonita. Tomou as mãos dela nas suas e a olhou firme através da pálida luz do abajur.

— Andréia, qual a sua idade? — perguntou, quebrando o clima entre eles.

— Ronaldo, este não seria o momento para discutirmos nossas idades, mas tenho trinta e cinco anos.

— Pois eu tenho oito anos a mais que você. Não acha que é muita diferença?

— Não vejo nada de estranho nisso. A diferença é muito pequena. Além disso, eu sou uma mulher praticamente divorciada, estou com minha saúde excelente, me excito fácil e fico assim por muito tempo, se não resolver logo o problema. Pelo que senti quando dançávamos, você também está em plena forma. Então volto a perguntar: Por que não, Ronaldo?

— Acho que é um pouco cedo. Você iria se envolver com um homem viúvo, e não muito romântico. Não quero machucá-la emocionalmente, pois está carente no momento e, portanto, bastante vulnerável. Talvez seja por isso essa atração por mim.

— Não diga bobagens, Ronaldo. Eu sei muito bem o que quero.

— Para quem estava tão assustada comigo há umas quatro ou cinco semanas atrás lá no restaurante, você evoluiu muito — falou ele com sarcasmo.

— A situação era diferente. Eu não o conhecia e estava totalmente assustada. Hoje sei que é um homem confiável e bom. Posso me apaixonar facilmente.

— Esse é o perigo: apaixonarmo-nos E depois? Provavelmente sofrimento de ambos os lados? E lembre-se, você também confiou em outro homem, e deu no que deu.

— Verdade, essa parte do outro homem. Mas não obrigatoriamente deverá acontecer o mesmo conosco. Poderemos ter um futuro juntos. Eu penso assim. Não apenas sexo, mas uma vida em comum. Logo terei um emprego nesta cidade e, portanto, uma vida nova se me apresenta. Você não gostaria de ter outra vez uma esposa, ou companheira?

— Claro que sim. Estou cansado de minha solidão. Tive muitos casos românticos depois que viuvei, mas nenhum evoluiu ao ponto de viver junto com alguém. Acho que estou velho demais para sofrer novamente por amor. E, além disso, tenho minhas manias e não quero mais me envolver com mulheres fúteis que só querem passar tempo, sem nenhum compromisso.

— Vamos experimentar, Ronaldo. Nada temos a perder mesmo. Quem sabe?

Ronaldo pensou um pouco, lembrando-se de que não gostava desse tipo de conversa vindo de uma mulher. Era ele que sempre partia para as premissas. Enfim, essa até que era uma novidade excitante.

— Está bem, Andréia. Vamos tentar. Mas com calma e aos poucos. Algum problema?

— Tudo bem — respondeu ela. — Estava pensando que você nunca iria se decidir, ou que eu não o atraía como mulher.

— Você realmente viu enquanto dançamos como não me atraía. Não sentiu nada?

— Claro, bobinho. Senti sua ereção em minhas pernas. Fiquei toda excitada também — respondeu ela rindo com um olhar provocante.

— Vamos terminar a bebida e eu a levo para casa, mas não antes de dançarmos mais uma vez.

— Podemos mudar para vodca com suco de laranja? Pode ser? — perguntou ela.

— Claro, mas é diferente do que estamos bebendo. A mistura pode não ser conveniente, mas... Vou chamar o garçom e vamos beber apenas uma dose, pode ser perigoso ao volante.

Após saírem do local e entrarem no carro, Ronaldo finalmente tomou a iniciativa. Puxou a mulher e a beijou com volúpia enquanto sua mão esquerda massageava seus seios. Após cerca de um minuto se afastaram mutuamente, como se tivessem combinado.

— Acho bom pararmos. Poderemos ser presos por atentado ao pudor — falou ele rindo.

Vinte minutos depois ele se despediu dela na entrada do estreito corredor do supermercado. Eram duas horas da manhã.

— No próximo final de semana, irei fazer o estrogonofe no seu apartamento, isso se o convite ainda estiver em pé.

— Claro que sim. Mas leve seu pessoal também. Nós sozinhos será perigoso — falou rindo e com malícia novamente.

Beijaram-se novamente, mas sem carícias, pois ela sabia que ficaria com o rosto vermelho e tinha medo de encontrar alguém acordado quando entrasse na casa, o que poderia ser constrangedor.

VINTE E QUATRO

Passada mais uma semana, Ronaldo e Andréia se encontraram novamente, e ele a levou, juntamente com Maristela e Lisbeth, até seu apartamento. Subiram os três andares dividindo entre si os pacotes de compras para o jantar. Gilberto não pôde vir, alegando que precisava acertar a contabilidade parcial do mercado, e Ana Sílvia, por outro lado, havia dito que iria estudar na casa de uma amiga. Era um sábado muito quente, apesar de ser noite.

Logo que entraram, Lisbeth, toda curiosa, foi examinar minuciosamente o local. Andréia, um pouco zangada, comentou:

— O que é isso, minha filha? Pensa que está em sua casa?

— Deixe, Andréia. Curiosidade de criança. Pode ir, querida, fique à vontade, a casa também é sua.

Maristela, que carregava uma parte dos pacotes de suprimentos, perguntou onde ficava a cozinha, como se o local fosse muito grande para encontrar. Ela então descarregou a sua parte, enquanto Ronaldo e Andréia faziam o mesmo.

— O homem dirigiu-se ao sofá e olhando para Andréia, e comentou: — vamos refrescar um pouco o vinho na geladeira, e também os refrigerantes. Vou ficar aqui para não atrapalhar vocês, mas gostaria da vodca com suco de maracujá, para abrir apetite.

— Bela desculpa para beber, senhor Ronaldo. Mas eu e Maristela também iremos querer. Certo, mana?

— Claro. Adoro vodca, principalmente com gelo e suco.

Enquanto elas se envolviam com o jantar, Lisbeth sentou-se ao lado de Ronaldo e apoiou a cabeça em seu braço.

— Tio, ligue a TV para mim. Pode ser?

— Claro. O que você pretende assistir?

— Qualquer coisa, menos notícias.

Andréia, que estava com a porta da cozinha aberta, escutou o diálogo e aproveitou para corrigir novamente a filha.

— Lisbeth, como você quer exigir o que assistir na TV? Não está em sua casa, deixe Ronaldo ligar no canal que desejar.

— Pode parar, Andréia. Deixe-a assistir o que quiser. Além disso, não suporto mais noticiário também. Só roubalheira de políticos e corrupção. — E, falando isso, entregou o controle remoto para a criança, dizendo:

— Pegue, querida, e procure você o que desejar. — Levantou-se do sofá, deixando a menina com uma almofada sob a cabeça e dirigiu-se à porta da cozinha.

— Então, essa vodca sai ou não? — falou brincando.

— Só um minuto mais, senhor mandão. Ah, tenho duas novidades. Quer saber?

— Sou todo ouvidos. Não me diga que acertou na loteria — zombou ele. — Mas quero a melhor das duas de início.

— Trata-se de duas boas notícias. Consegui um emprego no Hospital das Clínicas. Inicio no dia dois de janeiro.

— Que notícia maravilhosa. Eu não lhe disse que aqui chove emprego para quem tem qualificação?

— Mas é um período de um mês de experiência.

— Mas isso não é nada. Vai tirar de letra e eles nunca mais vão querer perder você. Tenha certeza disso. E a segunda qual é?

— Conversei com o advogado que papai me indicou. Adivinhe o que ele falou, se você for capaz.

— Que ele garante que você irá ganhar? — brincou Ronaldo.

— Melhor, muito melhor. Não existe possibilidade alguma de me processarem por abandono do lar. Isso não existe na Lei Brasileira. A única coisa que ele pode fazer é tentar me tirar a guarda de Lisbeth. Mas também é improvável, pois a mãe tem mais direito, pois é a genitora. Mas, enfim, um juiz irá julgar a causa e decidirá quem ficará com Lisbeth. Lógico que o outro terá direito a visitas, conforme a decisão judicial.

— Essa sim é uma excelente notícia, Andréia. Acho que seus problemas acabaram. Apenas falta fazerem o divórcio. Vamos brindar isso. Onde estão os drinks?

Após se abraçarem efusivamente, Ronaldo ficou pensativo, aparentemente sem motivo, mas nada comentou. Voltou a sentar-se ao lado Lisbeth com o copo na mão, completamente em silêncio. Após alguns minutos levantou-se novamente e foi à porta da cozinha:

— Desculpem, mas eu fiquei tão feliz, que acabei meio bobo — falou rindo.

— Não se preocupe. Nós também ficamos assim, quando cheguei a casa e contei para Maristela e Gilberto.

Ele voltou para a sala e agora se sentou em uma cadeira ao lado da mesa, mas continuou sem falar.

Andréia estranhou a atitude dele, e simplesmente olhou interrogativamente para a irmã, que respondeu com um leve movimento dos ombros, como quem nada entendeu.

Passados uns cinco minutos, Ronaldo voltou novamente ao local e olhando direto para as duas irmãs, falou:

— E como vocês pretendem resolver o problema de moradia?

— Por que você está perguntando isso? O que tem a ver com o que lhe contei?

— É lógico, Andréia, que você não poderá ficar morando com sua irmã, pois ela trabalha e não conseguirá levar você todos os dias em seu novo trabalho. Além disso, depender de ônibus será muito complicado, visto que a distância é muito grande. Terá que sair de casa ali pelas 5h30 para chegar a tempo. E acabará voltando quase às vinte e duas horas.

— Já pensamos nisso. Mas é simples, vamos alugar um apartamento ou quitinete para Andréia, usando o nome de meu marido — respondeu Maristela. — Embora eu pense que não seria necessário. Entretanto, Andréia foi quem sugeriu isso.

— Pois acho que tenho uma solução mais simples — respondeu ele. Ela e Lisbeth podem vir morar aqui comigo. Além do meu quarto, tem mais dois. Cada uma delas pode usar um e não precisarão gastar nada. E depois, posso levá-la ao trabalho e pegá-la no final do expediente, visto que fica em meu caminho para o escritório.

— Está falando sério, Ronaldo? — perguntou Andréia.

— Claro que sim. Afinal os amigos são para esses momentos difíceis. Se eu não puder ajudar, não devo ser chamado de seu amigo.

Agora foi a vez de Andréia ficar pensativa enquanto Maristela mostrava um sorriso estranho.

— O que você acha disso, minha irmã?

— Eu penso que você deve aceitar, Andréia, pelo menos até se fixar em seu novo emprego. Depois você decidirá para onde ir e o que fazer,

— Ronaldo, se você não se importar, vou pensar um pouco no assunto e lhe dar uma resposta amanhã. Pode ser?

— Claro que sim. É uma decisão muito importante, afinal ainda sou um estranho.

— Pare com essa de estranho. Mas prometo que lhe darei uma resposta ainda amanhã. Agora vamos jantar que a comida está pronta. Lisbeth, deixe essa TV em paz e venha arrumar a mesa,

A menininha, ouvindo falar em comida, pulou toda feliz do sofá e rapidamente organizou os talheres e os pratos, na pequena mesa que havia na sala de televisão.

A comida estava deliciosa e Ronaldo serviu uma taça de vinho para cada um dos adultos, preocupando-se antes em oferecer um refrigerante para a criança.

— Vocês cozinham muito bem, comentou o homem. — Estou adorando.

— Não fui eu quem fez a salada e o arroz. Foi a Maristela. Só o estrogonofe é minha responsabilidade.

— Então? Disso mesmo que estou falando. Mas arroz e a salada também estão maravilhosos.

Após a refeição as duas mulheres voltaram à cozinha e depois que colocaram a louça na máquina, e arrumaram toda a confusão, foram sentar-se no sofá, ao lado de Lisbeth e Ronaldo que agora assistiam a um programa humorístico.

Andréia ficou ao lado do homem, pegando a criança no colo, enquanto Maristela acomodou-se em uma poltrona individual.

Quando a meia-noite se aproximou, e Lisbeth já dormia em um dos quartos, Maristela resolveu convidar a irmã para irem embora. Ronaldo falou novamente que havia mais duas camas, ou Andréia poderia dormir com Lisbeth. Mas Andréia resolveu ir, pois sabia que a irmã não aceitaria e também não seria viável deixá-la ir sozinha aquele horário.

— Então você pense bem, Andréia, e me ligue quando tiver certeza do que deseja fazer.

— Certo, Ronaldo. Amanhã mesmo eu ligo. Afinal não quero ficar muito tempo por lá mesmo, dando trabalho a eles.

— Seu advogado tem o número de celular? Ou melhor, você tem o dele?

— É lógico que estamos em contato. Neste final de semana provavelmente viajará. Ele geralmente vai ao litoral, atender outros clientes por lá — comentou Maristela.

Ronaldo dirigiu-se ao quarto, pegou Lisbeth nos braços e os três desceram até o estacionamento onde estava o carro delas. Após se despedirem ele subiu novamente e foi deitar-se. No dia seguinte, embora fosse domingo iria ao escritório, pois tinha trabalho atrasado para concluir.

A parte da manhã de domingo transcorreu tranquila com ele passando boa parte do tempo no escritório. Foi almoçar em um antigo restaurante no Lago da Ordem, próximo à Catedral, onde ainda serviam com cardápio.

Estava voltando para casa, quando seu telefone móvel tocou. Ele dirigiu a ligação para o rádio do carro e atendeu. Na hora reconheceu a voz de Andréia.

— Bom dia ou boa tarde, menininha. Já almoçaram?

— Já almoçamos sim. E você?

— Acabei de sair do restaurante e estou na rua indo para casa.

— Então, Ronaldo? Sua proposta de ontem ainda está em pé?

— Claro. Já tomou uma decisão?

— Sim. Conversei muito com minha irmã e cunhado e eles me aconselharam. Portanto, já estou decidida.

— Deixe de mistérios, menina. Diga logo.

— Você sabe o que decidi. Claro que desejo morar com você.

— Ufa! — respondeu ele. Que bom! Pelo menos terei companhia durante à noite e nos finais de semana.

— Espero que você não se arrependa de ter duas pessoas enfiadas em seu apartamento como duas intrusas.

— Não diga bobagens. Se eu as convidei é porque desejo alguém ao meu lado. Pelo menos minha solidão acaba.

— Obrigada, Ronaldo. Fico muito contente ao ver que você pensa assim.

— Quando pretende vir, Andréia?

— Acho que hoje mesmo, se você permitir.

— Quer que vá buscá-la?

— Não será muito trabalho para você, querido?

— Claro que não. Já estou na rua mesmo. Vá arrumando suas roupas que em menos de meia hora estarei aí. Pode ser?

— Tudo bem. Caso eu não esteja pronta você fica conversando com o pessoal aqui. Ok?

— Sim, tudo bem. Já vou me dirigir para esses lados. Até lá. Um beijo.

— Outro, querido. Estou ansiosa — falou rindo.

Após desligar o telefone, Ronaldo contornou a Praça Ozório, virou à esquerda e dirigiu-se para o Bacacheri.

Enquanto dirigia, começou a pensar se não estava cometendo um erro. Afinal, certamente iriam se envolver sentimentalmente e ele achava que ainda não estava pronto para uma nova relação. Enfim, agora era pagar para ver.

Trinta minutos depois estava estacionando na frente do mercado de Maristela e Gilberto. No que desceu do carro, viu Lisbeth vir correndo pela passagem de carros com os braços abertos.

— Tio, Ronaldo. Que bom que o senhor veio. Estava esperando ansiosa — falou gritando ainda longe do homem.

Ronaldo abaixou-se para abraçar a menininha que se jogou em seus braços. Enquanto ele a pegava, ela o beijava avidamente, lambuzando seu rosto com saliva grudenta do doce que estava comendo.

— Calma, calma, Lisbeth. — falou rindo enquanto se levantava com ela nos braços.

— Mamãe está pronta? — perguntou para a garotinha.

— Ela disse para o senhor entrar enquanto ela termina tudo.

— Então vamos lá, queridinha. Seus tios estão aí?

— Sim. Também estão esperando o senhor.

Ele deixou o carro na rua e dirigiu-se ao local com Lisbeth no colo. Gilberto estava sentado na garagem, entre os dois carros, bebendo uma cerveja. Levantou-se quando Ronaldo se aproximou e o convidou para sentar-se ao seu lado, pegando um copo que encheu da bebida que estava ingerindo.

— Boa tarde, Gilberto. Degustando uma "loira gelada"?

— Sim! E está bem no ponto. Aproveite.

Os dois homens começaram a conversar sobre amenidades, enquanto Lisbeth, descendo do colo de Ronaldo, correu em direção à porta da casa, avisando que Ronaldo chegara.

— Essa criança gosta muito de você, Ronaldo. Fala o dia inteiro o seu nome — comentou Gilberto. — Você deve ter um carisma enorme para atrair as crianças assim, homem.

— Acho que não. Deve ser porque ela está carente, sentindo a falta do pai.

— Acredito que não, pois nem fala o nome dele.

Nisso Andréia saiu da casa, agora carregando mais sacolas do que quando chegou à cidade. Sorriu para ele e se aproximou seguida por Maristela e Ana Sílvia.

— Boa tarde. Você é pontual mesmo, Ronaldo. Já estou pronta e Lisbeth também.

— Então vamos meninas. Afinal temos que arrumar o seu quarto e o dessa fadinha linda.

Levantou-se e estendeu a mão para Gilberto, que reclamou.

— Por que tanta pressa? Vamos terminar a cerveja e depois vocês vão.

— Obrigado, Gilberto, mas não quero ficar tonto e depois sair dirigindo. Nós vamos, agora, não é Andréia?

— Yes Sir! Como eu já disse antes, você é o nosso comandante e eu obedeço às suas ordens.

Todos riram da conversa dela, inclusive Lisbeth, que meio sem entender, acompanhou os outros.

Gilberto finalmente levantou-se e retribuiu o cumprimento do outro.

— Cuide de minha cunhadinha, Ronaldo. É a única que eu tenho.

— Pode deixar amigo. Elas estarão seguras comigo.

Virou-se e abraçou Maristela e Ana Sílvia, que agora pareciam tristes.

— Estou deixando minha irmã e minha sobrinha em suas mãos, Ronaldo. Por favor, não as magoe e nem brigue com elas. Ela cuidará de sua casa, fazendo comida e cuidando da limpeza.

— O que é isso, Maristela? Eu tenho uma diarista que atende meu apartamento duas vezes por semana. E depois Andréia vai trabalhar no hospital e não terá tempo para nada. Ah! Precisamos providenciar uma escola para essa menininha. Vocês sabem de alguma aqui por perto?

— Eu vou me informar — respondeu Maristela. Mas não precisa muita pressa, afinal Andréia só começará a trabalhar em janeiro, quase um mês à frente ainda. Até lá Andréia cuidará da filha e das refeições diárias.

— É bom irmos providenciando a vaga, pois no início do ano muitos pais estarão procurando lugares para os filhos. Vamos, meninas? Estamos conversando demais. — comentou Ronaldo. — Ah, Andréia, essa criança estava estudando em Porto Alegre?

— Sim, Ronaldo. E cursava o terceiro ano do ensino básico.

— Então você também terá que providenciar a transferência dela.

Andréia abraçou os parentes e se afastou rapidamente, já com os olhos marejados, imitando a cunhada e a sobrinha. Elas os acompanharam até a rua, onde estava estacionado o carro. Após entrarem no veículo, Ronaldo acenou para elas que fizeram o mesmo, agora com Andréia já derramando lágrimas.

— O que é isso, Andréia? Estamos a uns trinta minutos de distância deles. Você não está saindo do país — falou enquanto manobrava o veículo.

— Desculpe, eu sou chorona mesmo. Coisa boba de mulher emotiva. Enquanto rodavam na avenida, ela foi se acalmando e Lisbeth, atrás, brincava com um cachorrinho de pelúcia que havia ganhado da prima.

Quando chegaram já era final de tarde e subiram até o apartamento com as sacolas carregadas, mas que não eram muitas. Antes, porém, haviam passado em uma lanchonete onde compraram lanches para comerem em casa.

Ronaldo pediu que cada uma escolhesse o quarto que preferisse, enquanto foi a um guarda-roupa e pegou os forros de camas para elas. Enquanto organizavam seus pertences e arrumavam os seus leitos, ele foi até a cozinha e preparou um café para beberem, junto com os lanches que haviam trazido. Em seguida, ambas foram tomar banho e cada uma colocou um pijama fino, visto que ainda fazia calor. Após comerem foram assistir TV e logo a seguir Lisbeth adormeceu. Ronaldo levou-a nos braços até o quarto que ela havia escolhido, acompanhado por Andréia, que puxou as cobertas leves sobre a menina.

Ambos voltaram ao sofá e Andréia sentou-se ao lado do homem, encostando a cabeça no ombro dele, enquanto este a abraçava, puxando-a para si.

— Você não irá arrepender-se de trazer-nos para sua casa, Ronaldo?

— Acredito que não. Afinal já gosto muito de Lisbeth e ela me deixa muito feliz.

— E eu, Ronaldo? Não significo nada para você?

Ele deu uma risadinha e finalmente disse:

— Isso a preocupa? Pensei que nunca iria perguntar.

Ela fez um muxoxo no rosto dele e o encarou com um olhar carente.

— Quer mesmo saber? Acho que já estou me apaixonando por você, sua loirinha chorona — falou ele.

Ela o agarrou pelo pescoço e procurou avidamente seus lábios, abrindo sua boca para que suas línguas se tocassem com paixão e sensualidade. Meio ofegante ela conseguiu murmurar:

— Eu o amo. Desde aquela noite em que fomos àquela boate.

Ele não respondeu, mas desceu seus lábios até pescoço da mulher, enquanto uma de suas mãos acariciava seus seios, protegidos apenas pelo tecido fino do pijama. Imediatamente sentiu os mamilos dela se enrijecerem em uma prova incontestável de seu excitamento.

Deixaram a sala, e a TV ligada, seguindo abraçados para o quarto, enquanto suas bocas se exploravam mutuamente, tentando não fazer barulho, para evitar acordar Lisbeth. Deitaram-se em seguida lado a lado, e fizeram amor violento, meio selvagem, ficando ambos tremendo e suados devido à grande energia desprendida no ato. Após alguns minutos, ele disse:

— Venha aqui mais perto, Andréia, que vamos fazer amor novamente. Quer isso ainda?

— Claro, continuo excitada. Não foi suficiente esse orgasmo que tive. Ame-me, meu homem. Quero sentir-me mulher novamente após tanto tempo sem ter prazer. Não se preocupe que estou prevenida. Não há perigo de uma indesejável gravidez. Encostou sua cabeça no peito do companheiro e o beijou longamente, enquanto murmurava:

— Amo você, cara. Demoramos muito para fazer isso que queríamos tanto. Estou muito feliz, meu amor.

Após a segunda vez ele disse:

— Andréia, estou novamente ficando excitado. Melhor darmos um tempo, — falou rindo. – Eu também a amo, minha querida. Você será minha para sempre. Não quero perdê-la jamais.

— Adorei ouvir isso, querido. Amanhã fará quatro meses que nos conhecemos naquele restaurante de beira de estrada. E nesse tempo todo você só me ajudou e eu acabei me apaixonando. Talvez seja meio precipitado de minha parte, ou porque estou carente, como você mesmo disse. Enfim, acho que demoramos muito para nos envolvermos sentimentalmente, considerando essa sua gentileza e bondade toda, Ronaldo.

Após alguns minutos, ela o procurou novamente, tentando excitá-lo ainda mais com a mão em seu pênis. Ele a beijou nos seios e ambos começaram a gemer. Desta vez ele a virou por trás, e a penetrou ainda mais intensamente. Ela gemia com tanta excitação e acabou tendo o orgasmo antes dele.

— Agora eu farei você ter orgasmo de outra maneira, querido.

Voltou à posição normal e ordenou que ele deitasse de costas enquanto ela atacava novamente seu pênis agora com a boca e a mão. Quando ele sentiu que estava quase tendo um novo orgasmo, tentou tirar o membro do lugar onde estava. Mas ela o impediu e ele acabou ejaculando na boca da mulher.

Novamente ambos deitaram-se lado a lado, totalmente cansados.

— Acho que por hoje chega, Andréia. Vamos nos esgotar muito. Além disso, amanhã terei que trabalhar. Percebeu que já passa das vinte e três horas?

— Está bem, querido, embora eu ainda não esteja totalmente satisfeita — falou com uma carinha triste.

— Calma, menina. Temos uma vida inteira para transarmos. Espero que você entre logo com o pedido de divórcio. Quero que esteja livre para que não se sinta uma adúltera.

— Logo que resolver esse problema da minha saída de casa, a primeira coisa que farei será o divórcio. Aliás, acredito que será bem rápido, pois ele também deve estar querendo isso, além da posse de Lisbeth.

— Pois é. Esse problema que me preocupa muito. Você está quase como uma fugitiva enquanto seu advogado prepara a defesa. Enfim, vamos dormir. Amanhã você e Lisbeth podem ir comigo até meu trabalho e voltarem com o carro. Assim ficará conhecendo o lugar. Então à tarde irá me buscar. Que tal?

— Tem certeza, Ronaldo? Confia em mim para dirigir nesse trânsito intenso de Curitiba?

— Você disse que dirigia em Porto Alegre. Não há muita diferença, embora aqui a cidade seja um pouco maior.

— Está bem, querido. Farei isso então. Vamos dormir agora, ou quer conversar ainda mais?

— Vamos nanar. Amanhã é preto no calendário, pelo menos para mim.

Eles levantaram-se e colocaram suas roupas.

— Ronaldo, eu acho que irei dormir no meu quarto. Algumas vezes Lisbeth acorda durante à noite e vem para minha cama. O que você acha?

— Você tem razão, ainda não devemos criar suspeita nela, que já estamos envolvidos. Melhor prepará-la primeiro.

— Então farei isso. Boa noite, querido. Que horas você me chamará? Aliás, será mesmo preciso eu ficar com seu carro? Afinal não tenho lugar algum para ir.

— Você é quem sabe, menina. Mas precisa decidir agora, para evitar que eu a chame inutilmente amanhã cedo.

— OK. Então vamos deixar assim. Você virá almoçar aqui?

— Não. Primeiro porque não devo ter mantimentos estocados; e segundo, quero levar vocês duas a um restaurante aqui perto. À tardinha, quando eu voltar do trabalho, nós iremos ao supermercado. Gostaria que você fizesse uma lista do que está faltando. Pode ser?

— Claro. Mas não sei exatamente o que você costuma comprar de mantimentos.

— Faça as compras de seu gosto. Não sou nada enjoado para comida.

— Está bem. Boa noite, então. — Ela despediu-se, abraçando o seu pescoço. — Preciso tomar um novo banho — comentou rindo.

— Eu também. Depois de você. Boa noite, menina querida. Durma bem.

— Você também, meu amor. Até amanhã.

— Até.

VINTE E CINCO

A família de Edna continuou o tratamento dela no hospital, levando-a para consultas a cada quinze dias até que o médico que a tratava deu-lhe alta, solicitando apenas mais um exame definitivo no início de janeiro. Ela então continuou apenas com as sessões de fisioterapia em sua casa, onde um profissional dessa área a visitava duas vezes por semana.

Finalmente as festas de final de ano chegaram e sua família, junto com a irmã de sua mãe, o marido e o filho se reuniram, comemorando o Natal e Réveillon juntos. Edna e seu primo começaram a namorar, com o consentimento do pai da menina. Enfim, ele ainda era da "moda antiga", embora ela já tivesse uma larga experiência sexual. Algo que ele preferia ignorar. Acertaram o noivado para a metade do próximo ano, quando marcariam definitivamente o casamento.

O rapaz não poderia morar em Curitiba, pois ainda teria mais dois anos para concluir seu curso de medicina em São Paulo. Entretanto, o pai de Edna possuía cinco supermercados de médio e de grande porte na cidade em bairros diferentes, e pretendia trazer o futuro genro para trabalhar com ele. Uma possibilidade muito remota, visto que a área profissional que ele buscava era totalmente diferente.

Edna continuava a pensar em Sérgio, mas nada dizia. Afinal as lembranças dele e do terrível acidente estavam aos poucos sendo esquecidos, ficando quase na totalidade da noite dos tempos.

Ela começou a fazer tratamento também contra as drogas, e a dependência foi desparecendo, aos poucos, não sem apresentar em alguns momentos crises da abstinência alcoólica também. Entretanto, as coisas estavam se acertando para ela, que estava apaixonada por seu primo.

No início de janeiro ela foi ao Hospital das Clínicas, para a última consulta, quando finalmente seria liberada do tratamento. Já andava totalmente sem apoios, apenas usando uma faixa de pano apertada, logo abaixo dos seios, com a finalidade de deixar mais firme as costelas que ainda não haviam se recuperado totalmente.

Encontrava-se distraída na sala de esperas do consultório, folhando uma revista, quando uma mulher ainda jovem, de jaleco branco chegou ao local, e após uma leve batida na porta, abriu-a e foi direto à mesa do médico, que no momento atendia outra paciente. Entregou-lhe alguns envelopes retirando-se imediatamente. Ao sair, olhou os clientes que estavam na sala e fixou o olhar em Edna. Esta correspondeu o olhar e sentiu que conhecia a mulher, mas não tinha certeza.

Então a outra, aproximando-se falou:

— Tenho impressão que já nos vimos antes.

— Você também não me parece estranha, mas não tenho a mínima lembrança de conhecê-la — respondeu Edna.

— Talvez aqui no consultório?

— Acho que não, esta é a primeira vez que venho aqui. Sempre fui atendida diretamente na sala de exames. Talvez tenha sido lá.

— Não acredito, pois sou bioquímica e raramente tenho acesso a esse local. Além disso, estou trabalhando aqui apenas há quinze dias. Com um sorriso a mulher virou-se para sair, mas, ao chegar à porta, parou e virou-se de novo para a outra.

— Está fazendo tratamento para quê? Este médico é traumatologista.

— Eu sofri um acidente muito grave de carro, em agosto passado. Estou na última consulta.

A bioquímica voltou a perguntar:

— Foi aqui, ou na estrada?

— Foi no sudoeste do Paraná, próximo a uma cidade chamada Clevelândia. Por que essas perguntas?

— Eu estava lá quando isso aconteceu. Ajudei a atendê-la, quando ainda estava caída na pista. Não lembra?

— Vagamente tenho uma lembrança de uma mulher falando comigo. Era você?

— Sim, querida. Estou feliz que tenha se recuperado completamente. Mora aqui em Curitiba?

— Sim. E você?

— Eu sou de Porto Alegre. Aliás, estava vindo de lá quando presenciamos seu acidente. Agora estou trabalhando neste hospital. Como este mundo é pequeno — comentou rindo.

— Meu nome é Andréia. E o seu?

— Edna. Gostaria de conversar mais com você. Pode ser?

Nisso a porta do consultório foi aberta e a paciente que lá estava saiu. O médico que a acompanhou, colocou a cabeça para fora e falou:

— Senhorita Edna? É a sua vez.

Andréia rapidamente pegou um papel de seu bolso e anotou o número de seu telefone.

— Aqui, querida. Ligue-me quando puder.

— Obrigada. Ligarei sim. — E dizendo isso, acompanhou o médico.

Ao sentar-se ao lado da mesa do médico e após cumprimentá--lo, comentou:

— Acredita, doutor, que essa mulher estava presente quando me acidentei? Ajudou os paramédicos no meu atendimento.

— Muita coincidência encontrá-la aqui, considerando o tamanho da cidade e o fato de ela estar trabalhando neste local há pouco tempo.

Após examiná-la atentamente, o médico finalmente a liberou.

— Continue com os medicamentos até acabarem a fisioterapia. Se não sentir-se muito bem, agende uma nova consulta. Mas acredito que não mais será necessário.

— Obrigada, doutor. Eu o procurarei se for necessário. Foi um prazer tê-lo como médico e novamente muito agradecida por tudo.

— Não há de quê, Edna. Felicidades.

VINTE E SEIS

Ronaldo e Andréia haviam passado as festas de final de ano com a família de Maristela. Após as festividades, ela assumiu o emprego no primeiro dia útil de janeiro. Enquanto isso Lisbeth ficava na casa de Maristela, onde os dois a levavam pela manhã e a pegavam de volta à tardinha. Entretanto, isso seria temporário, visto que, logo que as aulas se iniciassem, ela frequentaria uma escola de período integral, onde já estava matriculada.

Os dias corriam tranquilos, e ambos almoçavam no apartamento dele, pois saíam com tempo para isso. A refeição era feita à noite e só aquecida ao meio-dia. Mas nem sempre isso ocorria. Umas duas vezes por semana comiam em restaurantes, dividindo as despesas. Em um desses almoços, ela comentou com Ronaldo que havia encontrado no hospital a moça do acidente.

— Ela está totalmente recuperada. Não me reconheceu, mas eu sim. Passei-lhe o número de meu celular, mas ela ainda não entrou em contato. Gostaria de conversar melhor com ela, e saber como foi resgatada e onde foi atendida incialmente.

— Provavelmente em Clevelândia mesmo. Ali tem um excelente médico, um clínico geral, embora o hospital não tenha muitos recursos, ele quase faz milagres.

À noite, frequentemente faziam amor, após a criança dormir, sem, entretanto, ela ficar na cama dele depois disso. A vida sexual de ambos era intensa e violenta, para não dizer selvagem. Sempre inventavam coisas novas, o que lhes causava enorme prazer e extremo esgotamento. Na verdade, não era apenas o sexo que os unia. Estavam tremendamente apaixonados e se amavam intensamente e com muito carinho.

Lisbeth se mostrava uma criança muito educada e eficiente, ajudando com alguns afazeres simples dentro da casa da tia e do apartamento. Ela e Ronaldo se davam muito bem, e quem os via pensava tratar-se de pai e filha.

Uma noite, já no início de fevereiro, Andréia comentou com algumas lágrimas nos olhos:

— Mamãe me ligou agora à tarde. Jairo foi assaltado na saída do trabalho e levaram nosso carro. Ele tentou resistir e o balearam. Está mal na UTI, com poucas chances de sobreviver. Acho que terei que pegar um avião e ir a Porto Alegre.

— Veja, Andréia, não é aconselhável. Lembre-se de que existe um mandado de busca contra você. Espere mais para ver o que acontece. Você não poderá ajudar em nada mesmo.

— Você tem razão, amor. É melhor esperar o desenrolar dos acontecimentos.

— Ah, mamãe já está sabendo que não moro mais com minha irmã. Maristela mesma se encarregou de dar a notícia. Mas expliquei que era apenas para maior segurança de minha parte, até que a situação na justiça se resolvesse.

— E sua mãe, como recebeu a notícia?

— Ela me cobrou um pouco, mas acabou entendendo. Eu lhe disse que estava trabalhando e que nada havia (por enquanto) entre nós. Mas que já estava ficando apaixonada por você.

— Andréia, você deve ser sido bem convincente para conseguir enganar assim sua mãe — falou com um sorriso malicioso nos lábios.

Os dois riram e nessa noite não fizeram amor. Ambos foram dormir cedo.

Durante a manhã, Andréia recebeu uma ligação em seu celular:

— Bom dia. Aqui é a Edna, nos encontramos na sala de espera do consultório, no hospital. Lembra? Você é Andréia?

— Sim, sou eu mesma. Bom dia. Estava aguardando sua ligação. Está tudo bem com você?

— Sim, obrigada. Eu gostaria de conversar com você, mas não por telefone. É possível?

— Sim, querida. O problema é que não conheço praticamente nada desta cidade. Você terá que me procurar ou marcarmos um encontro em algum local, como um shopping, por exemplo. Que tal?

— OK. Faremos isso sim. Quando você estiver disponível, apenas me avise. Agora já tem meu número.

— Farei isso sim! Estou curiosa para saber sua história e conhecer melhor você.

— Então está bem. Apenas me avise. Ficarei aguardando sua ligação. Bom dia.

— Bom dia, Edna. Se cuide, menina.

Durante à noite, enquanto preparavam a refeição e Lisbeth arrumava a mesa saltitando pela casa, Andréia contou sobre o telefonema recebido.

— Que bom que ela ligou — comentou Ronaldo. — E o que ela contou?

— Quer marcar um encontro para conversarmos. Fiquei de retornar para confirmar o dia e a hora. Lógico que terá que ser à noite ou em um final de semana, devido ao meu trabalho.

— Então, quando você tiver tempo, ligue para ela e marque o encontro em algum shopping do centro da cidade ou nas imediações. Ficará mais fácil para ambas.

— Ok, eu farei isso, Ronaldo.

VINTE E SETE

Na tarde seguinte, Andréia recebeu um telefonema de sua mãe, avisando que Jairo havia falecido.

Apesar de todo o problema que havia com o marido, ela não pode deixar de se abalar profundamente. Afinal, era o pai de sua filha, e o homem que amara profundamente por mais de dez anos. Sua mãe praticamente exigiu que ela fosse marcar presença no funeral do ex-marido.

Andréia ligou chorando para Ronaldo, contando o fato.

— Andréia, vamos conseguir um voo ainda hoje para você. Eu irei ligar para o aeroporto e verificar. Volte para o apartamento, arrume sua bagagem. A Lisbeth tem roupas na casa de Maristela? Ela vai junto, evidentemente.

— Sim, Ronaldo. A maioria das roupas dela está lá. É a última oportunidade para ela de ver e se despedir do pai. Se eu não a levar comigo, provavelmente serei cobrada durante o resto de minha vida. Vou levá-la com toda a certeza.

— Eu irei confirmar primeiro o horário do voo. Depois retorno para você.

Quinze minutos depois ele retornou a ligação.

— Confirmado para hoje, às 22h30. Dois lugares. Os últimos. Vou buscá-la agora. Você está no apartamento, como eu sugeri?

— Sim, Ronaldo. Vim de táxi para o apartamento.

— OK. Depois pegaremos a Lisbeth. Peça para a Maristela arrumar algumas roupas da menina que estão lá na casa dela. Aguarde-me aí, que já estou saindo do meu trabalho.

Ronaldo imediatamente raciocinou que o problema de sua companheira havia praticamente terminado. Não haveria mais quem a acusasse e muito menos quem quisesse tomar sua filha. Era um pensamento frio e egoísta, mas ele sabia que essa era a realidade. Talvez os pais de Jairo ainda tentassem questionar alguma coisa, o que seria inútil. Afinal, a mãe é a soberana na guarda dos filhos.

Já passava das vinte horas, quando Ronaldo e Andréia pegaram Lisbeth na casa dos tios. Durante a ida até o aeroporto, a mulher teve a desagradável obrigação de contar para a menina o fato triste. Ela chorou um pouco, mas ficou a maior parte da viagem calada, como era sua personalidade. Ronaldo as convidou para um lanche, antes de chegarem ao aeroporto Afonso Pena, em São José dos Pinhais, uma cidade da região metropolitana de Curitiba. Apenas Lisbeth aceitou. Ele pegou um cachorro quente com um refrigerante e disse para ela ir comendo no carro, pois teriam que estar na sala de espera mais cedo.

— Antes de eu sair do trabalho, avisei o pessoal do hospital, pedindo uma semana de licença.

— OK. Eu não poderei ir com você, por dois motivos: primeiro meu trabalho está me exigindo muito; e segundo, eu não seria bem-vindo, principalmente pelos pais dele. Mas você me avisa sobre a situação. Você voltará?

— É evidente que sim. Aqui está minha nova vida. Não vou jogar fora as coisas boas que me aconteceram ao seu lado. E, além disso, Lisbeth não quer mais voltar para lá. Já fez muita amizade no colégio e ela adora os tios, a prima e você também.

— Muito bem, Andréia. Então ficarei aguardando. Mantenha-me informado, por favor.

— Farei isso sim. Fique tranquilo.

Ao chegarem ao aeroporto, o movimento ainda era intenso, com vários voos chegando e saindo. Aguardaram por cerca de meia hora a chamada para a sala de espera.

— Ela o beijou nos lábios, sem importar-se com a presença da filha, que, por sua vez, agarrou-se no pescoço do homem, com uma crise de choro.

— Calma, querida. Logo você voltará e eu lhe darei um presente muito bonito. Não deixe sua mãe nervosa e cuide dela.

— Está bem, tio. Vou ficar com saudades de você.

— Eu também, querida. Mas seja uma menina boazinha e não incomode sua mãe. Ela já está muito nervosa. Um beijo, meu amorzinho. Deus lhe proteja.

Novamente o casal se abraçou e Ronaldo afastou-se em direção à saída, enquanto elas subiam ao andar superior para aguardar o embarque.

Já no dia seguinte, próximo ao meio-dia, ele recebeu uma ligação de Andréia. Elas haviam chegado bem, e estavam no velório de Jairo. Lisbeth chorara muito e ela também. Seus pais a atenderam e os sogros a receberam com um pouco de frieza, mas sem críticas ou cobranças, porém bastante reservados. O sepultamento seria naquele sábado em torno das quinze horas e ela ficaria alguns dias na cidade, para resolver os vários problemas referentes ao casamento deles, pois agora certamente não haveria mais nada contra ela, nem mesmo o alegado sequestro da filha.

VINTE E OITO

O final de semana transcorreu normalmente para Ronaldo, estando sempre em contato com Andréia, através do telefone celular. Ela explicou que estava acertando todos os documentos e providenciando o restante de suas roupas e objetos pessoais. Pretendia retornar no domingo, visto que só havia conseguido uma semana de licença no hospital. Nesse tempo todo, Ronaldo atacou com força os trabalhos no escritório, que estavam atrasados, atualizando tudo. A empresa na qual ele era sócio, estava envolvida em um grande projeto arquitetônico e de engenharia, o que exigia todo o pessoal do escritório. Afinal, iriam participar de uma concorrência para a obra, que seria dali quinze dias.

Enfim, no sábado, antes mesmo do previsto, ela retornou de Porto Alegre em um voo que chegou a Curitiba, no início da noite. Ele havia comprado um urso de pelúcia para Lisbeth, quase do tamanho dela.

Encontraram-se no saguão do aeroporto e Lisbeth correndo ao seu encontro com os braços abertos, pulando em seu pescoço e enchendo-o de beijos no rosto.

— O tio tem um presente para você lá no carro, querida, como prometi.

— Por que isso, Ronaldo? — reclamou Andréia antes mesmo de cumprimentá-lo.

— Já chegou brigando, menina, antes mesmo de me cumprimentar? Deixe-me comprar o que quiser para essa boneca linda.

Agora foi a vez de Andréia abraçá-lo e beijá-lo na boca, novamente na frente da filha. Ele ficou um pouco envergonhado por causa da criança e correspondeu com um pouco de frieza.

— Calma, Andréia. Olha a Lisbeth.

— Que nada. É bom ir se acostumando. Ela não é tão ingênua que não entenda algumas coisas.

Eles esperaram a bagagem chegar da esteira e se dirigiram ao estacionamento do aeroporto, agora com muito mais pacotes e malas.

— Você veio com muito mais bagagem do que levou — comentou.

— Tem mais coisas que foram despachadas por uma transportadora. Não foi possível trazer tudo no avião. Espero que não se importe, querido.

— Claro que não. Afinal a casa também é sua, menina.

Ao chegarem ao veículo, e após abrir o porta-malas, ele pegou um pacote grande, onde estava o urso de pelúcia e o entregou para Lisbeth.

— Esse é o presente que lhe prometi, meu anjinho. Espero que goste.

A menina pegou o enorme pacote, rapidamente arrancou o embrulho dando um gritinho de felicidade.

— Tio, eu adorei! Era isso mesmo que eu queria. — E, pulando novamente no pescoço do homem, beijou-o carinhosamente no rosto.

— Não precisava ter comprado nada, Ronaldo. Ela tem muitos brinquedos.

— Calma, mulher. A surpresa ainda não acabou.

Ao entrarem no carro, ele abriu o porta-luvas de onde tirou um pacote pequeno. Entregou-o para Andréia. Era um anel de ouro incrustrado com dois brilhantes.

— Esse é o seu, querida. Espero que goste. Será seu presente de noivado.

— Para que isso, querido? Não era necessário ter gastos comigo — disse, colocando-o rapidamente no dedo. Ao ver que ficou perfeito, olhou-o com admiração e então foi sua vez de pular no pescoço do homem e beijá-lo, no rosto. E depois nos lábios.

— Obrigada, querido. Amo você. Eu também tenho algo para lhe dar. Está em minha bagagem. Quando chegarmos ao apartamento, eu lhe entregarei.

— Isso realmente não era necessário. Você teve muitas despesas com essa viagem. Não deveria gastar ainda mais.

— Nada é demais para você, meu amor. Mas que história é essa de noivado?

— Isso é algo que conversaremos depois. Agora não é o momento.

Ele deu partida no carro e se dirigiram para o destino. Quando chegaram, ele pediu a um dos guardiões do prédio, para ajudá-lo a subir com a bagagem. Após tudo colocado do lado de dentro, Andréia comentou:

—Vou arrumar tudo amanhã. Hoje apenas levarei para os quartos e então tomarei um banho.

— Tudo bem, enquanto vocês fazem isso, vou preparar um lanche para nós.

— Eu não quero, Ronaldo. Comemos alguma coisa no avião.

— Mas eu quero, tio. Estou com fome.

Os adultos caíram na risada ao perceberem o apetite da criança,

— O que é isso, Lisbeth? Você comeu durante a viagem. Vai engordar muito.

— Que nada, Andréia. Ela gasta muita energia no colégio, brincando com os amiguinhos.

— Você está deixando essa menina mal acostumada. Já falei isso.

Enquanto elas levavam as malas e pacotes para os dormitórios, ele começou a preparar hambúrguer juntamente com café e um refrigerante para a criança.

Andréia foi a primeira a tomar seu banho, e enquanto Lisbeth também o fazia, ela foi à cozinha e agarrou o homem por trás, encostando seus seios nas costas dele. Estava com uma camisola pequena, branca e transparente, permitindo ver sua calcinha também branca e minúscula.

— Estou com muita saudade de você, meu homem.

Ele virou-se e olhou-a com mais atenção.

— Parece-me que não é apenas saudade — comentou malicioso. — É algo mais.

— Claro, bobinho. Você sabe muito bem o que é além da saudade.

Então pegou um pequeno embrulho que trazia na mão direita e entregou ao homem.

— Este é o nosso presente, querido. Meu e de Lisbeth. Também espero que goste.

Movendo a cabeça como quem está inconformado, ele falou:

— Não havia necessidade de fazer gastos comigo, querida.

— Abra logo e pare de reclamar.

Um belo relógio de pulso, do tipo esportivo, com pulseira de couro preta e mostrador branco, ponteiros luminosos, além de janelas com números digitais, mostrando data, dia da semana e mês e dois cronômetros: progressivo e regressivo foi a agradável surpresa que ele teve.

— É maravilhoso, querida. Adorei. Você parece conhecer meu gosto — falou enquanto agarrava a mulher pela cintura e a beijava com avidez no pescoço.

Ela se aproximou e encostou suas coxas entre as do homem, comprimindo com a perna a sua virilha. Ele afastou-se ao ouvir os passinhos de Lisbeth aproximando-se no corredor.

— Então, tio? Gostou do presente de mamãe? Eu ajudei a escolher.

— Obrigado a você também, querida — falou enquanto desarrumava os cabelos úmidos da criança. — Adorei. Bom gosto o de vocês duas. Agora vão até à mesa que o lanche está pronto. Depois Andréia me conta tudo a respeito da viagem. Vamos comer.

Após a refeição rápida, eles sentaram-se no sofá e ligaram a TV.

— Essa louça eu lavo depois, querido. Vamos descansar. A viagem me esgotou muito.

— Não há necessidade. Coloque tudo na máquina de lavar. Já tem alguns pratos e talheres lá.

Não demorou muito e Lisbeth dormiu, com a cabeça no colo da mãe e os pés nos joelhos do homem. Ele a pegou nos braços e a levou para o quarto, enquanto Andréia se dirigia na frente para arrumá-la na cama. Após acomodarem a criança, voltaram ao sofá, e sentaram-se abraçados.

— Ainda bem que amanhã é domingo e não precisaremos levantar tão cedo. Aliás, poderemos ficar acordados hoje até mais tarde para você me contar tudo que aconteceu nessa sua viagem.

— Mas gostaria de fazer amor com você antes, querido.

— Você deve estar muito cansada, Andréia, isso não irá lhe dar um bom desempenho — respondeu com malícia.

— Você ainda não me conhece. Sou toda paixão, quando estou próxima do homem que amo.

— Vamos conversar primeiro. Hoje você poderá dormir em minha cama, pois acredito que Lisbeth só irá acordar amanhã bem tarde. Observou como ela "apagou" rapidamente? Deve estar muito cansada também.

— Está bem, amor. Vamos desligar a TV e conversarmos aqui, então, pois se formos agora à cama, eu agarro você — falou com um olhar carente.

— Está bem, "menina". Depois conversamos então. Se aproxime mais que vou abraçá-la e acariciá-la até você não resistir mais. Vou deixar você mais cansada do que nunca.

Fizeram amor ali mesmo, como em algumas vezes anteriores, mas agora com uma intensidade ainda maior. Depois do ato, ambos dirigiram-se ao quarto e deitaram-se lado a lado, completamente esgotados. Então Andréia encostou a cabeça no peito do homem.

— Nós dois somos dois tarados, querido — comentou rindo. — Muitos casais mais jovens que nós não possuem todo esse desempenho.

— Pode ser, querida, mas isso que está acontecendo conosco não irá ocorrer tão seguidamente assim. Embora, cada vez que acontecer, será intenso dessa forma. Agora me conte sobre a viagem. Estou curioso.

— Bem, tivemos uma viagem boa na ida. Chegamos a Porto Alegre, quando era madrugada. Papai e mamãe estavam aguardando no aeroporto. Eu havia ligado para eles um pouco antes de o avião decolar, após me informar com a comissária de bordo o provável horário de chegada.

Papai estava tranquilo, mas mamãe mostrava os olhos vermelhos, como se houvesse chorado bastante. Após os cumprimentos de praxe, Lisbeth acomodou-se ao nosso lado, no banco de trás, deitando imediatamente no colo da avó, enquanto papai foi ao lado do motorista na frente, a quem, aliás, eu não conhecia.

Mamãe então começou a relatar tudo que havia acontecido. Jairo havia saído do trabalho, quando foi abordado por uma moto com dois ocupantes que usavam capacetes e o obrigaram a parar, apontando uma arma e forçando-o a descer do carro. Isso tudo foi narrado por uma mulher loira que se encontrava de carona com ele. Após ele descer, um dos indivíduos, o que havia saído da moto e estava na garupa, encostou a arma em sua cabeça, pedindo as chaves e gritando para que a mulher saísse. Nesse ínterim, esse mesmo homem que lhe apontava a arma se distraiu, gritando mais uma vez com a passageira que se demorava muito, a sair, mudando agora a direção do cano da arma para ela. Jairo aproveitou o momento, empurrou o capacete do homem, arrancando-o, ao mesmo tempo que tomava sua arma e lhe agredia no rosto com ela. Nesse momento o outro marginal que continuava na moto, por sua vez sacou outra arma e disparou contra Jairo. O projétil o atingiu no pescoço e foi praticamente fatal. Então o primeiro homem passou por cima dele, já caído no chão, e entrou no carro empurrando a mulher para fora. Enquanto o piloto da moto partia em grande velocidade, o outro saiu atrás com os pneus cantando no asfalto. A mulher correu para a rua gritando e agitando os braços, até que um carro parou e o motorista, usando o celular ligou para a polícia e esta chamou uma ambulância. O hospital onde o levaram, que por sinal era o mesmo onde nós dois trabalhávamos e aonde ele ainda chegou com vida fez um rápido procedimento, mas com poucas esperanças. O tiro havia rompido uma veia do pescoço e ele havia perdido muito sangue. Não tinha morrido ainda, devido à rápida intervenção dos paramédicos que imediatamente fizeram uma transfusão de plasma. Algumas horas depois, Jairo estava morto.

— E quem era a mulher loura? — perguntou Ronaldo.

— Ninguém sabia. Para a polícia, ela se identificou como sendo Laura Medina de Oliveira, solteira, com trinta anos de idade, que trabalhava em uma agência de vendas de carros novos, não muito distante de nosso apartamento. Nada havia que a desabonasse. É solteira e mora com a mãe idosa. Apenas disse que era amiga dele e aproveitou uma carona, visto morarem próximos. Depois que a polícia a levou para prestar depoimento, ela não foi mais vista. O estranho é que ninguém a conhecia, mas pela descrição que o pessoal do hospital forneceu e depois papai e mamãe me repetiram, tinha muito a ver com a pessoa de quem eu suspeitava. Aquela do jantar de aniversário dos amigos. Lembra-se? Eu lhe contei isso. A mesma loura daquele jantar de aniversário, que sentou em nossa frente e que trocava olhares com Jairo. Enfim, nada posso afirmar. O certo é que ninguém, nem mesmo os pais de Jairo, a conhecia. Era muito bonita e se arrumava muito bem, contaram eles para papai e mamãe.

Todos no hospital ficaram chocados com o ocorrido, pois Jairo era muito querido entre os funcionários. Quando cheguei ao funeral, os pais dele me receberam com frieza e após aceitarem minhas condolências, nem mesmo me olharam mais. Entretanto, foram muito carinhosos com Lisbeth, enchendo-a de carinhos.

Dois dias após o sepultamento, nos reunimos todos em um local público e conversamos sobre os procedimentos que teríamos que fazer. O apartamento onde morávamos era alugado, portanto não era um bem do casal. Só restava o carro, entretanto, como este havia sido roubado, também estava descartado. Mas havia nossos bens pessoais. Pedi aos pais dele que levassem as roupas e outros objetos do filho, apenas minhas roupas e alguns objetos de cozinha os quais reparti com eles e também com mamãe. Dividimos as despesas do funeral e despedi-me dos sogros, não sem antes prometer-lhes que manteria contato, por causa da neta deles.

— E quanto ao seu pseudoproblema com a fuga e o "sequestro" da filha?

— Telefonei lá de Porto Alegre mesmo e falei com meu advogado daqui. Ele já entrou com o pedido de suspensão do mandado de apreensão. Apenas levei o atestado de óbito na delegacia, onde foi registrada a queixa e o delegado responsável arquivou tudo. Não existe mais nada contra minha pessoa.

— E Lisbeth, como recebeu o fato de o pai ter falecido?

— Claro que chorou muito, mas foi consolada pelos avós e logo estava mais calma. É uma criança estranha essa minha filha. Durante o tempo todo não fez perguntas e nem se referiu mais ao pai. Como se ele nunca tivesse existido.

— Certamente ela está sentindo muito, mas seu caráter é muito introspectivo o que não é bom. Deveria deixar a dor extravasar para não ficar com esse trauma a vida toda. Ou talvez tenha ficado traumatizada com a cena que assistiu, quando ele chegou bêbado em casa e agrediu você.

— Com certeza. Mas ela nunca tocou nesse assunto.

— A mente humana é muito difícil de entender. Principalmente das crianças. Pelo menos eu acho assim. Mas vamos dormir, querida. Vai dormir comigo, ou em seu quarto?

— Com você. Tenho certeza que hoje Lisbeth não acordará. Está muito cansada e, além disso, ela não acordou nenhuma noite depois que viemos para seu apartamento.

— Amanhã iremos almoçar em um restaurante com cardápio, no Lago da Ordem, onde ainda não levei vocês duas. Vamos logo dormir, pois já passa da meia-noite. Mas nada de transarmos novamente hoje.

— Está bem, querido. Também estou um pouco cansada.

Na manhã seguinte, Ronaldo acordou mais cedo e após tomar seu banho, foi preparar o desjejum. Preparou uma omelete diferente, que ele havia inventado e que chamava de "Omeletão", nome este sugerido por uma amiga chamada Eloísa. Precisou de quatro ovos, sal, quatro colheres de amido de milho, cebola picada, alho moído e fermento para bolos.

Quando Andréia acordou, foi direto ao banheiro e após também tomar seu banho, chamou Lisbeth e a mandou que tomasse o seu. Enquanto a menina levantava reclamando, ela se dirigiu à cozinha e beijou Ronaldo nos lábios com ternura.

— Preparando o café da manhã, querido? Deveria deixar para eu preparar.

— Esta omelete é diferente, e tenho certeza que você não conhece. Depois me conte o que achou e, conforme sua resposta, eu lhe passo ou não a receita.

— OK! — Respondeu ela.

Após a refeição, colocaram a louça na máquina e se preparam para sair. Lisbeth, como sempre, quando se tratava de comida, adorou o "Omeletão".

— Vou levá-las a um local turístico da cidade, até a hora de almoçarmos. Depois, acredito que devemos ir visitar sua irmã. Afinal você deve lhe contar tudo que ocorreu em sua viagem.

— Estava pensando justamente nisso. Mamãe mandou uma lembrancinha para ela, e muitos abraços. Ah, esqueci-me de contar. Mamãe e papai deverão vir aqui em Curitiba, no final do ano.

— Que ótimo, tenho muita vontade de conhecê-los. Vamos lhes fazer uma surpresa.

— Que surpresa, Ronaldo?

— É uma surpresa também para você, querida. Deixe-me amadurecer um pouco a ideia. Depois lhe contarei.

Andréia, embora curiosa, não insistiu e ambos desceram do apartamento, pegaram o carro e se dirigiram ao famoso Jardim Botânico, que tantos turistas atraía. Lisbeth e Andréia ficaram encantadas e aproveitaram para tirar muitas fotos com o celular dela.

****

Após o almoço, se dirigiram até a casa de Maristela, onde foram recebidos com euforia pela irmã e a sobrinha. Gilberto estava visitando um amigo, há cerca de cinco quadras dali e havia prometido voltar antes da noite.

As duas irmãs sentaram-se abraçadas em um sofá, enquanto Lisbeth e Ana Sílvia se fechavam no quarto, analisando as roupas que esta havia comprado no dia anterior. Ronaldo quase se sentiu um intruso no meio da alegria da família. Entretanto, Maristela percebeu e lhe ofereceu um cafezinho, colocando-o também no meio da conversa.

Após mais de duas horas de euforia das duas irmãs, Gilberto retornou e, depois de abraçar Ronaldo, agarrou Lisbeth, que agora estava na sala e começou a girá-la pelos braços, para horror de Maristela e os gritos eufóricos da criança.

— Está louco, Gilberto? Vai derrubar essa menina!

Após soltá-la, dirigiu-se até a cunhada e a abraçou, efusivamente, como se fizesse mais de um ano que não a via. Enfim, parada a euforia de Gilberto, todos se sentaram e a conversa continuou, com Andreia repetindo história de sua viagem para o cunhado. Já no final da conversa, Gilberto dirigiu-se a Ronaldo e surpreendeu a todos perguntando:

— Então, meu amigo? Como estão vocês dois? Quando irão casar-se? Afinal agora os dois são viúvos e certamente já estão envolvidos. Isso se percebe só no olhar de ambos.

Maristela não resistiu à intromissão do marido e gritou:

— O que é isso, Gilberto? Você bebeu?

Andréia ficou vermelha, mas sorriu timidamente. Ronaldo, por sua vez, respondeu:

— Você se adiantou à surpresa que eu faria a ela. Eu iria propor-lhe exatamente isso, mas iria esperar passar mais algum tempo, pois temo a sua resposta. E, também, acho que está muito cedo, já que ela viuvou recentemente. Iria lhe sugerir um noivado agora em junho e casarmos no final do ano.

Andréia ouviu isso, de boca aberta, chocada com a surpresa. Enfim, parecia que os dois homens estavam interferindo em sua vida. Então se manifestou com um pouco de irritação:

— Parece que vocês dois já estão decidindo minha vida. O que é isso? Ninguém toma decisões por mim. Sou uma mulher independente e dona de meu nariz. Não admito interferências em minhas atitudes ou minhas vontades. Podem ir parando.

Ronaldo sentiu na hora a rispidez das palavras. Meio chocado, esperou alguns segundos para se recuperar.

— Desculpe, Andréia — falou Ronaldo. — Ninguém está decidindo nada. Apenas respondi o que Gilberto me perguntou. E acredito que ele também não está tomando decisão alguma, apenas fez uma pergunta por curiosidade. — E voltando-se para o outro homem, concluiu: — Está vendo por que não conversei com ela ainda? — Dirigindo-se à Andréia. — Tudo bem, Andréia. Nunca mais tocarei nesse assunto. Morreu aqui e agora.

Andréia imediatamente arrependeu-se de sua resposta um tanto agressiva. Mas nada comentou, para que não parecer que havia cedido.

Enfim, os assuntos esgotaram-se e Ronaldo levantou-se para se despedir e Andréia fez o mesmo, juntamente com Lisbeth. Ele encaminhou-se ao carro, sem ao menos chamá-la, dirigindo-se apenas a Lisbeth:

— Vamos, querida. Você terá que arrumar seu material escolar para amanhã.

A menininha pulou na frente do homem e saltitando dirigiu-se ao veículo, no que foi seguida pela mãe.

No que eles entraram no automóvel, Maristela comentou com o marido:

— Você não deveria ter falado nada sobre a situação dos dois. Ela se ofendeu e acabou respondendo vocês dois com rispidez, o que machucou Ronaldo.

— Tolice dela. Deve estar louca por ele. Vejo o olhar carinhoso com que o observa e a atenção com que escuta suas conversas. Deveria ficar feliz por achar um homem bom e que gosta dela.

Na viagem de volta, Ronaldo nada comentou com Andréia sobre o ocorrido nem ela tampouco. Ele manteve-se atento ao trânsito, enquanto ela, agora totalmente arrependida, encostou-se ao vidro da janela, olhando disfarçadamente para fora. Ao chegarem ao apartamento, ele perguntou;

— O que vocês duas desejam comer?

— Tio, eu quero aquele Omeletão que o senhor fez ontem.

— Nada disso, dona Lisbeth. Dá muito trabalho para fazer e você almoçou bastante. Apenas um sanduíche de queijo e pão. Nada mais — falou a mãe.

— Não se preocupe. Eu farei. É um prazer atender esse anjinho. Ela é sincera e realmente gosta de mim. Espere um pouco, querida, que logo estará pronto. E você Andréia? Vai querer o quê?

— Para mim nada. Estou sem fome.

— OK — respondeu ele. — Farei para mim e Lisbeth então. Deve ter algum refrigerante na geladeira, querida. Pegue enquanto preparo o lanche. Não quer tomar um banho antes?

— Sim, tio. Depois eu pego o refrigerante.

Andréia, meio "burrenta", sentou-se no sofá e ligou a TV. Quando a menina voltou, o lanche estava pronto e eles sentaram para comer. Logo em seguida a criança deitou-se no sofá enquanto a mãe colocava as louças sujas na máquina.

— Deixamos um pouco para você comer, Andréia — falou Ronaldo.

— Obrigada, mas realmente não quero.

Ronaldo então, por sua vez, sentou-se ao lado de Lisbeth, que aproveitou para colocar a cabeça em seu colo, enquanto Andréia, terminando com o trabalho com a louça se dirigiu ao banheiro, para tomar seu banho.

A menina não demorou muito para dormir, e antes que a mãe retornasse, ele já a havia levado para a cama. Quando ela chegou, foi a vez de ele dirigir-se ao banho. Quando terminou, foi direto para seu quarto, colocou um pijama e deitou-se imediatamente.

Decorridos uns trinta minutos, ele percebeu que a televisão havia sido desligada. Logo a seguir sentiu que a porta de seu quarto se abria de leve.

— Posso entrar, Ronaldo? — perguntou com a voz baixa.

— Claro. Fique à vontade.

Ela sentou-se ao lado da cama, e pegou a mão do homem.

— Eu quero pedir desculpas a você pelo incidente dessa tarde. Eu realmente não sei onde estava com minha cabeça. Não havia motivo algum para eu reagir daquela forma. Acho que o estresse dos últimos dias me deixou irritadiça. Perdoe-me, por favor, querido. Não acontecerá novamente, prometo.

— Está tudo bem, Andréia. Eu já havia esquecido — mentiu ele.

Então, mais calma, ela pensou um pouco antes de continuar.

— Você realmente estava pensando em me fazer aquela proposta?

Foi a vez de Ronaldo ficar quieto. Após uns dois minutos, ele finalmente falou:

— Sim! Eu estava. Porém, iria esperar mais uns dias, a fim de que você se acalmasse depois de tudo o que passou. Tinha ideia de casar com você, justamente quando seus pais viessem passear aqui. Mas agora estou em dúvidas.

— Meu Deus, Ronaldo. Foi tão grave assim o que eu falei?

— Não é que foi tão grave, mas acendeu uma "luzinha" em meu cérebro. Depois do acontecido, fiquei até questionando se a culpa de você e Jairo separarem-se foi apenas dele.

— Ronaldo, não pensei que eu tinha ofendido tanto você assim, ao ponto de questionar a história que lhe contei. Não imaginei que você fosse tão sensível assim.

— Andréia, por que você acha que estou sozinho até agora? Pensa que não tive vários e vários casos? Por que então? Porque eu procuro uma companheira, amiga, confidente e principalmente alguém que me respeite e não fique me criticando por algo que eu nem disse e apenas respondi uma pergunta. Eu adoro sua filha, quero ser, na medida do possível, um segundo pai para ela. Agora, por favor, não tenha reações tolas por algo que nem teve motivo para isso. Eu realmente quero casar com você. Quero dividir minha vida, meus problemas e os seus em comum. Você merece ser amada, respeitada e protegida, mas não me questione por coisas supérfluas.

— Estou lhe pedindo desculpas novamente. Por favor, me perdoe. Já lhe disse que meu estado emocional não está muito bom. Eu estou terrivelmente apaixonada por você. Muito, mas muito mais do que fui pelo Jairo. Estou tremendamente arrependida do que falei essa tarde.

— Tudo bem, Andréia. Vamos esquecer isso tudo e tentar continuar nossas vidas como antes. Vá dormir agora. Amanhã levarei você em seu trabalho e Lisbeth no colégio.

— Está bem, meu querido. Mais uma vez me perdoe. Boa noite.

— Boa noite. Durma bem para enfrentar a semana que você terá pela frente.

Na manhã seguinte, ele fez o itinerário de sempre, levando as duas aos seus respectivos destinos. Ao deixar Andréia por último, ele comentou:

— Hoje não irei almoçar. Estamos com muito trabalho na empresa. Apenas farei um lanche que irei encomendar por telefone e me trarão no escritório. Você tem algum local próximo ao hospital para fazer uma refeição?

— Sim, ao lado tem um restaurante que parece bom. Comerei lá.

— OK. Então à tarde irei buscar vocês duas.

Virando-se para a mulher, deu-lhe um beijo no rosto, sendo retribuído com outro nos lábios.

— Até a noite, querido. Aguardarei com ansiedade. Um bom dia de trabalho. Tchau.

— Obrigado. Igualmente.

A empresa de Ronaldo havia ganhado a concorrência da grande obra, que envolvia todos os funcionários na confecção dos projetos arquitetônicos, estruturais, elétricos, hidráulicos e paisagísticos. Estavam ocupadíssimos, pois havia um prazo exíguo para o início da mesma, a fim de vencer o cronograma estipulado.

No final do dia, já cansado, ele pegou sua pasta com o restante de trabalho e saiu, pensando em ir buscar Andréia e depois Lisbeth. Ao chegar ao Hospital das Clínicas, onde ela exercia suas funções, percebeu que Andréia já o esperava na calçada em frente. Estacionou e por dentro mesmo abriu a porta do veículo. Após entrar, ela o beijou avidamente na boca, demostrando toda a saudade que havia sentido. Ele correspondeu, mas não com muito entusiasmo. Afinal, ele pretendia castigá-la um pouco pelo incidente da tarde anterior.

— E então, querido? Como foi seu dia de trabalho?

— Estamos muito atarefados, ao ponto que de eu estar levando alguns projetos para revisar em casa no laptop. E você? Foi tudo bem?

— Sim. Tenho uma novidade. A moça do acidente, Edna, me ligou. Quer marcar um encontro. Eu lhe disse que durante o dia não seria possível. Talvez à noite ou durante um final de semana. Ela insistiu e pediu para que nos encontrássemos na quarta-feira às vinte horas, no Shopping Itália. Eu lhe respondi que não conhecia bem a cidade e que iria pedir ao meu noivo, que mora aqui, para me levar,

— Você disse seu noivo? Parece que você mudou de ideia rapidamente sobre o que eu iria lhe propor.

— Eu realmente pensava seriamente nisso. Muito antes da bobagem que fiz ontem à tarde. Eu até pensei em dizer a ela, meu marido, mas achei que estaria andando muito rápido.

— Ótimo então! Já que você está começando a aceitar o que eu iria lhe propor, vou levá-la no encontro com essa moça.

— Obrigado, querido. Vou adorar chegar com meu noivo de braços dados — respondeu rindo.

— Então estamos combinados. Quarta-feira depois de nosso trabalho, pegaremos Lisbeth e iremos até o shopping. Apena confirme se realmente ela pode ir.

Na noite combinada, os três foram ao local marcado após confirmar o encontro com Edna.

A moça estava sentada em uma mesa de uma das salas de refeições, com um casal de idade, que eles imaginaram que fossem os pais dela. Durante as apresentações, isso realmente se confirmou e o grupo sentou-se junto e pediram refrigerantes e duas latas de cerveja para os homens. Edna tomou a palavra dizendo aos pais:

— Foi essa moça que me ajudou antes de os paramédicos chegarem, embora eu não lembre muito bem, pois estava em estado de choque e bastante ferida.

Andréia comentou que o homem ao lado dela, também estava junto no local, mas ela disse não se lembrava do homem e apenas vagamente de Andréia. Então Edna começou a narrar parte de sua história, omitindo evidentemente o motivo da viagem.

No final da história, não deixou de haver os comentários de praxe por parte de Ronaldo e Andréia, de que ela realmente tivera muita sorte.

No final de tudo, o pai da moça levantou-se e abraçou Andréia em forma de gratidão, por ter ajudado a filha, sendo seguido pela mãe dela, que, meio chorosa, a beijou efusivamente. Nas despedidas depois de muitos agradecimentos, trocaram números de telefone entre si e prometeram manter contato.

Ao voltarem para casa, Ronaldo comentou:

— Você tinha razão quando falou na ocasião que ela era uma pessoa de nível social mais elevado. Observou as roupas da menina e concluiu com precisão. Os pais dela são de classe média alta. Observei o carro deles quando embarcaram.

— Verdade. São pessoas socialmente bem elevadas. Como que essa moça se envolveu com um sujeito que parecia não ter onde cair morto, como ela mesma deixou escapar em certos momentos da conversa?

— É o problema da juventude. Eles se apaixonam por um detalhe qualquer e acabam se envolvendo emocionalmente, não se importando ao que isso pode levar.

— E nós, Ronaldo?

— Nós o quê?

— Acho que preciso saber se temos realmente algum futuro ou não.

— Vamos aguardar um pouco mais. Eu fiquei receoso com aquela sua reação. Dê-me mais alguns dias e certamente a resposta será a melhor para ambos.

— OK. Vou ficar aguardando ansiosamente, esperando que seja positivo o que eu desejo tanto: ser sua esposa.

— Provavelmente sim. Não devemos tomar decisões precipitadas, pois poderemos nos arrepender mais tarde. Não concorda?

— Com toda a certeza. Vou ter paciência, depois da grande bobagem que fiz aquela tarde.

VINTE E NOVE

Os dias transcorreram normais, até que em uma sexta-feira, no início da noite, dali uns quinze dias, Ronaldo recebeu um telefonema de sua tia Margarita, avisando que seu tio Pedro havia falecido naquela tarde. Ele ficou chocado e preparou-se para viajar até Clevelândia naquela noite mesmo. Telefonou para Andréia e contou o ocorrido. Ela imediatamente se prontificou para ir junto.

— Mas como você fará com seu trabalho amanhã?

— Eu farei um acordo com o diretor do hospital. Pedirei para trabalhar em um domingo para repor esse sábado. Vai levar-me junto?

— Se isso não causar problemas para seu trabalho, terei prazer em levá-la. Mas e Lisbeth? Levaremos junto?

— Prefiro que não, ela já teve um trauma com a morte do pai e ver outro velório pode não ser bom. Eu a deixarei na casa de Maristela. Ficará melhor — respondeu após pensar um pouco.

— Então vou buscar você no trabalho, iremos ao apartamento para arrumarmos nossa bagagem e, na saída, passamos na casa de sua irmã, para avisarmos o pessoal.

Quando chegaram à casa de Maristela, Lisbeth começou a chorar, pedindo para ir junto. Mas Andréia se mostrou inflexível e não permitiu.

Quando ambos partiram, já passava das vinte horas. O trânsito na saída da capital estava sobrecarregado, mas uns cem quilômetros à frente ficou bem mais tranquilo. Eram aproximadamente duas horas da madrugada quando finalmente chegaram à Clevelândia. Uma leve neblina cobria as ruas desertas, ofuscando grande parte da iluminação já precária da cidade. Ronaldo dirigiu-se à única casa funerária que havia no local, observando que ainda havia um razoável número de veículos estacionados na frente, apesar do horário avançado. Desceram do carro e entraram de braços dados. Margarita, assim que o viu, veio ao seu encontro de braços abertos, chorando copiosamente.

— Ronaldo, meu querido. Você viu o que aconteceu com seu tio? Deixou-me sozinha. E agora, o que farei de minha vida?

— Calma, tia. Todos nós partimos, um dia ou outro. Sei que nada pode consolá-la, mas temos que aceitar e acreditar que ele está bem melhor do que nesta dimensão. Enfim, o que realmente aconteceu? Como ele morreu?

— Foi um infarto fulminante. Estávamos deitados à tarde e de repente ele se virou para mim, levantou a cabeça, deu-me um olhar forte, emitiu um gemido curto e caiu no travesseiro. No momento pensei que ele estava adormecendo, mas percebi que seus olhos permaneceram abertos. Comecei a agitá-lo, chamando-o pelo nome. Então, percebendo que não respondia, assustei-me, levantei-me e fui chamar a vizinha dos fundos. Ela veio com o marido, que não havia ido trabalhar aquela tarde e ele telefonou chamando o médico. Dr. Daniel veio prontamente e confirmou o falecimento.

— A senhora já arrumou tudo no cemitério?

— Sim, o vizinho foi no túmulo dos pais de Pedro, removeram os ossos, e arrumaram tudo. Hoje às dezesseis horas, vamos sepultá-lo. E você, minha querida? — falou dirigindo-se à Andréia. — Está muito cansada com a viagem?

Andréia abraçou a mulher e ambas choraram juntas. Alguns velhos amigos de Ronaldo se aproximaram e vieram lhe apresentar as condolências. Entre eles estava o sargento Luiz Antônio, que o abraçou batendo fortemente em suas costas.

— Não queria reencontrá-lo nesta situação, Ronaldo. Estou muito entristecido por você. Mas temos que aceitar. Afinal, todos nós iremos embora um dia.

— Verdade, meu amigo. E você, como está levando sua vida?

— Estou bem. Na mesma rotina de sempre. Mais dois anos ou três e me aposentarei. E daí tudo ficará muito monótono, sem trabalhar e praticamente sem ter aonde ir.

— Mas você poderá ir visitar os filhos, que eu soube estão estudando em Curitiba.

— Verdade. Eu contei isso para você?

— Não! Mas não lembro agora quem me contou.

— Tenho um casal de filhos fazendo a Universidade Federal em Curitiba. Estão quase no final dos cursos. A moça faz Medicina Veterinária e o rapaz Engenharia Civil.

— Bom ouvir isso, meu amigo. Quando seu filho se formar, se ele quiser, poderemos colocá-lo para trabalhar em nossa empresa. Até lá poderá ficar fazendo estágio conosco. Sou sócio de uma firma de engenharia na capital. Falta muito para ele se formar?

— É no final do próximo ano. Obrigado, meu amigo. Vou ficar muito agradecido, e ele ficará feliz.

— Sargento, eu vou precisar conversar mais com minha tia, para ver como ela está resolvendo as coisas sobre o funeral. Mais tarde, falaremos mais um pouco. Mas se acaso não nos virmos novamente antes de eu viajar, você poderá pegar o número de meu telefone com ela.

— Está bem, Ronaldo.

Ronaldo pegou Margarita pelo braço e a levou ao lado de fora da funerária.

— Tia, eu vou lhe ajudar nas despesas do funeral do tio. A senhora já tem uma ideia dos custos?

— Não se preocupe, Ronaldo. O Pedro tinha um plano funerário, do Sindicato dos Sapateiros, que ele pagava rigidamente há mais de vinte anos. Um dos funcionários esteve aqui ontem mesmo à tardinha e tomou todas as providências. Não gastarei nada.

— Melhor então, mas mesmo assim eu vou lhe deixar algum dinheiro. A senhora certamente receberá uma pensão, que imagino que será um salário mínimo. Ah, outra coisa... Como ficou o inventário?

— Os outros sobrinhos dele desistiram de suas partes. O Pedro ficou com todos os direitos sobre os bens. Graças a Deus.

— Que bom! Pelo menos a senhora não ficará desamparada.

— E você, Ronaldo? Parece que a moça da carona ficou mais íntima — comentou ela.

— É verdade. Acabamos nos acertando e iremos nos casar agora no final do ano. A senhora está convidada.

— Veja, Ronaldo, você deve se lembrar do Jeferson, aquele garoto que criamos. Ele está morando em Curitiba e deve chegar no amanhecer. Vamos conversar e provavelmente eu alugue a nossa casa e vá embora com ele. Ele expressou essa vontade por telefone. Vou acabar aceitando, pois ficar sozinha será muito difícil. Então, estando na capital, poderei ir ao seu casamento.

— Isso será ótimo. Pelo menos terei um parente ao meu lado. Tia, eu vou dar atenção para Andréia, que está meio isolada naquela cadeira. Ela não conhece ninguém, e está um pouco perdida. Mais tarde conversaremos.

Ronaldo sentou-se na cadeira ao lado da mulher e ela imediatamente se enganchou em seu braço, apoiando a cabeça em seu ombro. À medida que a manhã avançava, a sala aos poucos foi ficando mais cheia. Muitos dos que chegaram não conheciam Ronaldo, ou simplesmente não o reconheceram, o que também ocorreu com ele, visto o tempo que havia saído da cidade.

Enfim, chegou a hora do sepultamento. Nesse ínterim, o filho de criação de seu tio havia chegado, juntamente com a esposa e um garoto de seus oito ou nove anos. Ronaldo também não reconheceu o rapaz, mas este sim e, após abraçar e beijar a mãe adotiva, se dirigiu até ele e também o abraçou.

— Jeferson, como você está diferente. Eu não o reconheci. Deve fazer mais de dez anos que não vejo.

— Verdade, Ronaldo. Mas você não mudou muito. Exatamente como eu me lembro de você. Onde mora lá em Curitiba?

— Moro no bairro Tingui, ao lado do Bacacheri. E você?

— No bairro Santa Felicidade. Você conhece?

— Quem em Curitiba não conhece o bairro gastronômico da cidade?

— Pois eu moro umas dez quadras do Restaurante Madalosso.

Ronaldo apresentou Andréia como sendo sua futura esposa, Enquanto Jeferson apresentou a sua e o filho.

Margarita chegou-se até eles e disse que o padre local iria dar a benção final e então levariam o corpo para o sepultamento.

Após todas as solenidades, Ronaldo abraçou a tia e o primo e falou que iria viajar, pois Andréia havia conseguido apenas um dia de dispensa do trabalho e teria que estar na capital ainda no dia seguinte, mesmo que à tarde Eles iriam dormir em hotel em União da Vitória, quase metade do caminho.

— A senhora já tem o número de meu telefone?

— Sim, Ronaldo. Você deixou o número quando esteve aqui em agosto.

— É verdade. Estou ficando esquecido. Claro que a senhora tem. Como poderia ter me ligado avisando do tio? Muito bem. Então repasse depois para o Jeferson, e o Luiz Antônio, pois quero manter contato com ele e vocês dois. Ah, por favor, vão ao meu casamento. Estarei esperando. Também convidem o sargento por mim, pois parece que ele foi embora. Manteremos contato. Boa viagem para você, meu primo. Não corra muito na estada.

— Pode deixar, Ronaldo. Eu ligarei para você quando estiver em Curitiba. Ficarei aqui uns três ou quatro dias, até a mamãe arrumar sua bagagem para eu levá-la comigo. Boa viagem para você também.

Quando finalmente eles pegaram a estrada, já estava anoitecendo.

— Não consegui despedir-me do Luiz Antônio e convidá-lo para nosso casamento. Mas tia Margarita se encarregará disso. Pedi a ela.

— Então vamos casar mesmo, querido? Antes de ver você convidar esse pessoal todo, eu imaginei que estivesse brincando — falou ela rindo. — Afinal você não fez o convite oficial para mim ainda.

— Senhora Andréia, quer se casar comigo?

— Aceito, desde que você prometa que não me trairá e me amará muito.

Ele encostou o veículo no acostamento, e a puxou para si.

— Está prometido, menina. Mas também desejo o mesmo.

Selaram o acordo com um longo de quente beijo.

— Agora vamos embora, Andréia, pois aqui não é local para demonstrações sentimentais — comentou.

Ele colocou o carro em movimento e então se dirigiu com seriedade para a companheira:

— Veja, Andréia, como as leis do universo são infalíveis. A Segunda Lei da Termodinâmica fala de algo fundamental: a lei do decaimento da energia. Isto é mais ou menos assim: "O calor só passa de temperaturas mais altas para temperaturas mais baixas". Em outras palavras a energia de um modo geral está se esgotando e decaindo, e, portanto, nunca mais irá se recuperar. O universo tende ao equilíbrio térmico e energético. Quando isso ocorrer, simplesmente tudo ficará parado. É o que se chama de Princípio da Entropia, ou do Caos. Tudo tende ao caos e, portanto, à desordem e não há retorno. Veja, por exemplo, se você descascar e cortar uma laranja, ela nunca mais voltará a ser o que era. Ou seja, uma laranja inteira, O mesmo acontece quando você compra um baralho novo. Ele vem dentro de uma caixa, com as cartas arrumadas, em ordem crescente ou decrescente, com todos os naipes iguais juntos. Se você embaralhar, nunca mais conseguirá organizá-lo novamente, apenas embaralhando. Por mais que tente, isso não acontecerá, ou melhor, a probabilidade matemática é praticamente zero de acontecer. O caos ou entropia é isso. Aconteceu com meu tio e acontecerá com todos os seres vivos e também a matéria bruta. Todos nós estamos decaindo, ou morrendo, conforme o termo que preferir. Isso desde o instante em que nascemos. Podemos crescer, nos tornarmos adultos, mas estamos morrendo aos poucos, mesmo que estejamos evoluindo fisicamente por algum tempo. É apenas uma questão de tempo para que nossas células se desorganizem e se transformem em caos total.

— Você não acha que está me devendo uma coisa, que venho cobrando há muito tempo? — comentou Andréia, desinteressada do assunto e desviando a conversa para outro lado.

— O quê, Andréia? Não lembro de nada.

— A sua história. Desde que nos conhecemos estou curiosa para saber e você parece que esqueceu.

— OK! Vou lhe contar então.

Na realidade, minha vida é muito parecida com a do sargento Luiz Antônio. Ambos ficamos órfãos de pai ainda muito jovens. Estudamos juntos até certo ponto. Nossas mães tiveram muitas dificuldades para criar-nos e, quando pequenos, tivemos que fazer trabalhos braçais para ajudar em casa. Ele foi para o exército e depois para a polícia militar, além disso, provavelmente casou-se muito cedo, o que prejudicou muito seus estudos.

Entretanto, eu posso dizer que tive um pouco mais de sorte do que ele. Minha mãe também morreu quando eu estava no exército. Mas quando dei baixa do quartel, arrumei um trabalho de motorista particular, que, aliás, me concedia um razoável salário, permitindo estudar durante a noite o curso de Engenharia Elétrica. Portanto, resumindo é isso.

— E você casou muito cedo, Ronaldo? — perguntou Andréia.

— Sim, também casei cedo. Com vinte e cinco, quando eu já estava no último ano da faculdade. Mas não tivemos filhos antes de cinco anos de casados. Isso que me permitiu começar a vida, antes dos filhos chegarem. O que não aconteceu com o sargento. Ele teve filhos muito cedo e, como seu salário sempre foi pequeno, é evidente que não teve condições de estudar.

— Como morreu sua esposa? — perguntou ela.

— Ela teve câncer no seio, que foi muito agressivo. Embora todo o tratamento disponível na época tenha sido usado, não apresentou uma solução definitiva. Apenas prolongou sua vida por uns quatro ou cinco anos. Ela morreu com trinta e dois anos. Muito jovem ainda. Era três anos mais jovem do que eu.

— E seus filhos?

— Minha única filha, mora na Austrália. Está casada, mas ainda não tem filhos. Estou viúvo há dez anos e tive muitas namoradas, mas com nenhuma foi possível um relacionamento definitivo.

— Por quê, Ronaldo? Por que não deu certo com ninguém?

— Em primeiro lugar, à medida que vamos ficando mais velhos, nossos gênios se alteram. Ficamos mais exigentes, mais "rabugentos", como se costuma dizer. Depois, a grande maioria delas, queria apenas se "encostar" sem participar de nada, nem mesmo ajudar na manutenção, como organização da casa. Além de que algumas queriam me dar ordens — comentou rindo. — Veja, não estou falando sobre ajuda financeira da parte de delas. Afinal, estou muito bem financeiramente e não necessito disso. Mas por não ajudarem nem mesmo para fazer uma refeição diária ou colocarem a roupa na máquina, ou a louça na lavadora. Segundo, eram mulheres lindas, e muito "coquetes". Isto é, adoravam paquerar e se mostrarem bem arrumadas, mas quase nenhuma era fiel. Não havia o sentimento de amor, companheirismo, enfim, aquilo que deve existir entre um casal que deseja viver junto. Portanto, é mais ou menos essa minha vida.

— E o que você viu em mim, que está me propondo casamento?

— Como eu já lhe contei antes: tem mulheres e mulheres. Algumas são interesseiras, aproveitadoras, infiéis e irresponsáveis. Outras são especiais. E foi isso que vi em você. Uma mulher especial, querida, educada e que parece realmente me amar. Por isso, Andréia. Apenas porque sinto em você um futuro promissor para ambos. Agora acredito que eu tenha respondido.

— Respondeu, sim. Fico feliz que você pensa dessa forma. Eu estou apaixonada, como você já deve ter percebido e isso eu mesma lhe contei. Tudo começou, acredito, durante aquele almoço de domingo na casa de Maristela. Depois, ficou mais intenso quando fomos àquela boate e então me convidou para morarmos juntos. E, principalmente, pelo amor e carinho que você tem por minha filha. E também o mesmo que ela sente por você. Finalizando, aceito seu pedido, se é que está me propondo casamento mesmo.

— Olha, Andréia, eu pensei muito antes de lhe propor isso. Mas com o tempo percebi que também estava sentindo a mesma coisa. Mas fiquei receoso que você me entendesse mal. Primeiro porque você ainda estava casada, embora separada; segundo porque estava muito cedo para lhe propor casamento, visto que ficou viúva tão recentemente. Mas as coisas se precipitaram quando Gilberto fez aquele comentário, depois de sua volta de Porto Alegre. Contudo, sua resposta para o que falamos me deixou com um "pé atrás". Entretanto, com o correr do tempo, achei que talvez você aceitasse. Você quer se casar comigo, Andréia?

— Sim, Ronaldo! Eu quero muito, sim.

— Então vamos marcar um noivado, à moda antiga para junho. E o casamento para dezembro, quando seus pais estiverem aqui. O que acha?

— Ótimo. Casaremos na presença deles. Ficarão felizes, tenho certeza.

— Combinado, querida. Vamos procurar também ser felizes para sempre, como diz o provérbio: "felizes para sempre enquanto durar". — falou rindo. — Até que a morte nos separe — completou.

União da Vitória, no Paraná, é uma cidade que faz divisa com Porto União, outra cidade em Santa Catarina, sendo separadas apenas pela estrada de ferro, e tinha um porte médio. Ele adquiriu um apartamento em um hotel para ambos, e após tomarem banho, jantaram em um restaurante vizinho, dormiram tranquilos e abraçados. Levantaram-se bem cedo, quando o sol ainda não havia nascido.

Um pouco antes do meio-dia e meia, chegaram a Curitiba, mas como era um domingo, o trânsito estava tranquilo. Após almoçarem em um restaurante na estrada, dirigiram-se à casa de Maristela para pegarem Lisbeth, que na hora estava dormindo após ter almoçado.

Andréia dirigiu-se ao quarto para acordá-la, pretendendo levá-la junto, no que foi impedida por Maristela.

— Deixe-a, Andréia. Eu a levarei amanhã à escola. Terei que passar na frente mesmo, então não me custa levá-la.

— Ok, mana. Então me faça esse favor. Mas agora nós vamos embora, tenho que arrumar minhas coisas e as de Ronaldo, pois a semana será muito corrida. Domingo que vem terei que repor o dia que faltei. Aliás, são dois. Terei dois domingos de trabalho. Onde está Gilberto?

— Novamente foi na casa do amigo dele. Eles jogam cartas lá quase todos os domingos à tarde. Mas logo deverá chegar. Ele disse que precisava rever a contabilidade do mercado antes da segunda-feira. Vocês dois já almoçaram?

— Sim! — respondeu Ronaldo. — Almoçamos em um restaurante na estrada,

— E Ana Sílvia? — voltou a perguntar Andréia.

— Está estudando na casa de uma amiga dela, aqui perto.

— Então vamos, querido. Boa tarde, mana, abraços para Gilberto e Ana Sílvia.

Já era fim de tarde quando chegaram ao apartamento, após terem passado em um supermercado a fim comprarem os mantimentos da semana. Andréia dirigiu-se ao banho, enquanto Ronaldo esvaziava as sacolas de compras e as roupas de ambos e as colocava na máquina de lavar. Enfim, já estavam em ritmo de casados. Quando ela terminou, foi a vez dele. Após seu banho, pegou as peças que tinham usado na viagem e também as levou para a máquina. Enquanto isso, Andréia começara a preparar o jantar.

— Esquecemo-nos de contar para Maristela sobre nossa decisão de casarmos — comentou Ronaldo.

— Eu não esqueci, querido, mas pensei que deveria partir de você.

— Por que de mim, Andréia? Você quem é a irmã dela.

— Eu pensei que ficaria mais oficial se você contasse. Afinal, é o homem que toma essas decisões.

— Que bobagem é essa? Entre nós, daqui para frente, as decisões serão tomadas em conjunto. Não concorda?

— Verdade, querido. Seremos um só em duas pessoas.

TRINTA

Em junho com uma cerimônia simples, mas com a presença de Maristela, Gilberto, Ana Sílvia, Lisbeth e alguns amigos de trabalho de Ronaldo e de Andréia, em um restaurante de Santa Felicidade, o casal selou o compromisso de noivado. Ronaldo tentou entrar em contato com o primo, o filho de Margarita, mas ele se encontrava viajando e pediu desculpas por não poder comparecer.

Após a cerimônia das alianças, comemoraram com champanhe e muitas fotografias tiradas por Ana Sílvia com sua câmera digital.

O cardápio do jantar também foi simples. Apenas dois tipos de lasanha, carne assada no forno, tudo acompanhado por muita salada e arroz, regado a vinho tinto seco e refrigerante para as crianças.

— Acho que eu e Andréia estamos fazendo tudo à moda antiga. Dois viúvos, não precisam noivar. É só casar direto — comentou Ronaldo durante refeição. — Isso só existe entre solteiros e jovens.

— É verdade, Ronaldo. Você tem razão. Mas que fica charmoso, ah isso fica — disse Maristela. — E, além do que, é uma maneira de comemorarmos essa futura nova união. Tirarei também muitas fotos e as enviarei para mamãe, para que ela conheça o futuro genro.

— Então faça isso, mana. Envie as fotografias da família reunida com os amigos durante nosso noivado e também algumas que Ana Sílvia tirou — comentou Andréia. — Não quero que papai e mamãe fiquem se questionando sobre meu casamento, que por sinal irá pegá-los de surpresa.

Depois de uma série de fotos, Andréia recebeu uma ligação de Edna. Estava convidando-a e a Ronaldo para seu noivado em julho próximo.

— Ronaldo, você gostaria de ir ao noivado de Edna, agora em julho? Ela está nos convidando.

— Podemos sim. Pergunte a data e local.

Depois que elas se entenderam, Andréia comentou:

— É aqui mesmo, neste restaurante. Dia dezessete de julho. Tudo bem para você, querido?

— Claro. Mas nós levaremos Lisbeth junto.

— Quem é Edna, Andréia? — perguntou Maristela.

— É a moça do acidente que presenciamos na viagem. Eu lhe contei a história, lembra?

— Sim. Mas tem contato com ela?

— Esqueci-me de lhe contar. Mas a encontrei no Hospital e lhe dei o meu número do celular. Ela me ligou e fui com Ronaldo e Lisbeth encontrá-la em um shopping. Ela nos apresentou seus pais, que foram muito atenciosos e agradecidos. Depois, algumas vezes mais conversamos por telefone. Agora está nos convidando para seu noivado.

— Que coincidência. Vocês duas estão noivando, quase juntas.

— Verdade. E nós iremos.

Junho é um mês tipicamente frio na região Sul do Brasil. Curitiba não foge à regra. Embora o inverno ainda não tivesse se iniciado oficialmente, as temperaturas beiravam à noite quase diariamente 6ºC. Na verdade a capital paranaense apresenta muitas características europeias e, portanto, é bastante fria. Especialmente devido à altitude e a Serra do Mar, vizinha à cidade. Por isso é considerada a capital mais fria do país. Entretanto, julho é ainda mais frio, pois então o inverno já está totalmente instalado.

E foi em uma noite muito fria que Ronaldo, Andréia e Lisbeth se dirigiram à festa de noivado de Edna. O restaurante, em que antes os dois fizeram a festa de seu noivado, agora estava quase totalmente lotado pelos convidados.

— Veja como tem gente, Ronaldo. Isso confirma que eles são realmente muito bem posicionados na sociedade.

— Só achei estranho não haver convite por escrito. Apenas os recepcionistas na entrada. Provavelmente basta se identificar.

E foi realmente isso que aconteceu. Após dizerem seus nomes, o senhor que estava responsável por isso, apenas confirmou em uma lista e os mandou para determinada mesa, onde já havia mais um casal.

Após as apresentações, Andréia percebeu Edna de braços dados com um rapaz alto e elegante, com um sorriso radiante e feliz.

A moça finalmente a percebeu entre os convidados e levantou-se, juntamente com o rapaz, indo ao seu encontro.

— Querida, que bom que você veio. E você também, doutor Ronaldo — falou ela cumprimentando-os com dois beijos nas faces de cada um.

— Sejam bem-vindos, queridos. Papai e mamãe quando souberem que vocês chegaram virão aqui para abraçá-los. Eles gostaram muito de vocês, além de estarem gratos pelo atendimento que me deram no dia do acidente.

Ronaldo e o noivo de Edna se cumprimentaram com aperto forte de mãos, enquanto esta erguia Lisbeth no colo, enchendo-a de beijos. Não demorou muito e os pais da noiva também se aproximaram da mesa.

— Queridos — falou Margareth —, que bom que vocês vieram. Estamos felizes com isso. E essa menininha linda, como tem passado, querida? — Pegou-a no colo, abraçando-a e beijando-a. O pai de Edna cumprimentou os dois com um abraço apertado.

— Que bom mesmo que vocês vieram. Ficamos agradecidos.

— O prazer é nosso, senhor Alberto. Desejamos muitas felicidades para sua filha.

— Obrigado, doutor Ronaldo. Também lhes desejamos o mesmo, pois Edna nos contou que vocês noivaram há pouco. Parece que o mês passado. Foi isso?

— Sim, foi isso realmente.

— Pois é, vocês poderiam ter entrado em contato e quem sabe marcaríamos as duas festas de noivado ao mesmo tempo.

— Na realidade, foi tudo muito rápido. Minha mãe chegou de viagem e resolvemos noivar enquanto ela estava aqui — mentiu Andréia, com vergonha de não os haver convidado para seu noivado.

— Mas quem sabe — falou Roberto — podem se casar no mesmo dia?

Ronaldo e Andréia se olharam e ficaram quietos e pensativos, enquanto Edna eufórica dava um gritinho de alegria.

— Isso mesmo, papai. Boa ideia. Quando vocês pretendem fazer isso?

— Dezembro — respondeu Andréia. Depois do Natal. Já está agendado na igreja. Dia vinte e oito. E vocês?

— Nós agendamos para o dia trinta desse mesmo mês.

— Então não será possível fazermos as solenidades juntos. A igreja não muda os agendamentos, pelo que eu sei — comentou Ronaldo.

— Qual é a igreja que vocês irão se casar? — perguntou Edna, novamente.

— Igreja de Guadalupe.

— Nossa. É muita coincidência. Também casaremos lá. Apenas as datas que não são as mesmas.

— Apenas dois dias de diferença — disse Andréia. — Mas podemos fazer um jantar ou almoço juntos, depois que vocês se casarem.

— Uma boa ideia. Faremos a festa juntos, que tal no dia trinta mesmo?

Andréia virou-se para Ronaldo e perguntou:

— O que você acha, querido?

— Vamos pensar no assunto e depois responderemos. Tem muito tempo ainda pela frente.

Finalmente a festa terminou e os convidados foram se retirando. Ronaldo e Andréia estavam entre os primeiros. Depois de se despedirem do casal de noivos e dos parentes deles, afastaram-se com Lisbeth entre os dois, agarrando suas mãos.

Do lado de fora do restaurante, um vento muito frio açoitava as árvores e as pessoas que saíam. O céu, entretanto, estava limpo o que não já era tão comum nessa época do ano. Anunciava-se, pela madrugada, uma grande geada caso parasse de ventar. A sensação térmica beirava temperaturas negativas e os três correram para o carro de Ronaldo.

Durante o trajeto até o apartamento, Andréia apoiou a cabeça no braço do homem, o que, pela primeira vez, causou uma reação de Lisbeth.

— Mamãe, tio Ronaldo será meu pai?

— Não, querida. Será seu padrasto, o que é praticamente a mesma coisa.

— Eu vou considerá-lo como pai, pois já o amo como se fosse.

— Que bom, querida — comentou Ronaldo. — Você será sim minha filhinha mais nova. Também a amo como uma filha, e sempre a amarei.

— Eu também, tio Ronaldo.

— Nossa. Vocês dois já estão trocando juras de amor? — comentou Andréia rindo. — Assim ficarei com ciúmes.

Ao chegarem, o apartamento estava gelado, como normalmente ocorria no inverno. Ronaldo ligou o ar-condicionado na posição quente, que ficava na sala e todos se sentaram no mesmo sofá, em frente à televisão. Logo Lisbeth estava dormindo e Andréia cochilando no ombro do homem.

Ele pegou a criança como das outras vezes e a levou para o quarto. Quando voltou, Andréia estava em pé, bocejando.

— Vamos dormir também, querido? Estou com sono e na cama será mais quente.

— Andréia, siga na frente que vou desligar os aparelhos aqui e já irei. Aproveite e ligue o lençol térmico da nossa cama.

Na segunda-feira uma chuva miúda e contínua molhava a cidade, fazendo com que o tráfego se tornasse congestionado e lento. Ronaldo e Andréia levaram Lisbeth até o colégio e depois ele a deixou no seu trabalho, se dirigindo em seguida ao seu. Nesse dia, combinaram que não iriam almoçar juntos e que ele a pegaria somente à tardinha.

O dia transcorreu tranquilo, até que ali pelas dezesseis horas ele recebeu um e-mail do sargento Luiz Antônio, contando-lhe um fato que ocorreu no dia anterior, na pequena cidade de Clevelândia:

"Você deve ter tomado conhecimento de uma jovem ex-funcionária pública que dedicou parte de sua vida atendendo animais abandonados de rua: gatos e cachorros. Ultimamente ela comprou um burrinho, que estava sendo maltratado pelo dono, e o soltou no terreno onde possuía seu barraco. Muito bem, há pouco tempo ela contou que durante o inverno passado teria morrido de frio, pois não possuía cobertas suficientes. Afinal, o dinheiro que ganhava como aposentada do estado não era suficiente, visto que ela comprava toda a ração dos animais. Enfim, ela contou que durante a noite, enquanto estava toda encolhida, embaixo de um único cobertor fino, cinco dos cachorros deitaram-se ao seu lado e por cima de seu corpo, aquecendo-a durante a noite terrivelmente fria. Bem, esse não é o fim da história. Ontem ela morreu e os cachorros e o burrinho, acompanharam seu corpo até o cemitério. Só que os cães permaneceram a noite toda no cemitério ao lado da sepultura, somente saindo hoje cedo, quando alguém foi buscá-los para levá-los a um abrigo de animais. Já o burrinho foi levado por um granjeiro que você conhece: o Otto. Ele disse que vai deixar o animal solto e pastando à vontade, sem trabalhar."

Ronaldo ficou emocionado com o e-mail do sargento. Pensou em como os animais são reconhecidos pelo atendimento e carinho que recebem, o que não ocorre com a maioria das pessoas.

Quando à tardinha se encontrou com Andréia, e já em casa, abriu seu laptop para que ela lesse o e-mail. A mulher chorou muito ao ver o que o sargento havia escrito.

— Meu Deus, Ronaldo, como um fato desses pode ter ocorrido, com essa mulher passando necessidades sem que alguma autoridade local tomasse providências?

— Pois é. Veja como a humanidade é egoísta. Uma pessoa que pegava animais de rua e cuidava deles, passando necessidades para que os bichos não morressem de fome ou abandonados e não teve ajuda alguma de alguém. Muitas vezes me questiono se os humanos não são mais irracionais que os próprios animais. Enfim, esse é o verdadeiro "mundo cão".

TRINTA E UM

Finalmente dezembro chegou e com ele o casamento de Ronaldo e Andréia. Todos os preparativos foram realizados, incluindo convites, roupas, e combinado o cardápio com a família de Edna para o jantar, o que deveria ocorrer dali a dois dias no mesmo restaurante onde ambos os casais haviam noivado. A dúvida que tinham era sobre a vinda dos pais de Andréia, pois ela após ligar para ambos percebeu certa resistência deles, um pouco porque não conheciam o futuro genro, mas principalmente por não haver ocorrido um ano ainda de que ela estava viúva. Após muita insistência por parte dela, finalmente concordaram em vir.

A cerimônia religiosa foi realizada, às dezessete horas, como fora agendada, na Igreja de Guadalupe, a qual estava com cerca de vinte convidados entre amigos e colegas dos noivos, Edna, seu noivo e a família dela também estavam presentes. Andréia usava um vestido longo, cor de rosa, com uma grande flor vermelha presa no lado direito do cabelo. O seu cunhado a conduziu até o altar. Acompanhada também por Lisbeth agarrada em sua mão esquerda, usando um vestidinho branco, fazendo o papel de sua dama de honra. Já Ronaldo deu entrada na igreja de braços dados com sua tia Margarita, usando um terno cinza claro e uma gravata vermelha. Cada um dos noivos contava com um casal de padrinhos, o que era praxe nas cerimonias religiosas. Andréia conseguiu ver os seus pais, no fundo da Igreja, o que a deixou muito feliz e também um pouco triste pelo fato de não ter sido acompanhada por seu pai até o altar.

Após o ato religioso todos iriam até o fórum, acompanhados dos mesmos padrinhos, para finalizar perante a lei a oficialidade do casamento.

Entretanto, Andréia não viu mais os seus pais no fundo da igreja e ficou pensando onde eles teriam ido.

Ronaldo conversou com o filho do sargento, que também estava presente junto com o pai, a irmã e a mãe e que iria cursar no próximo ano o último semestre de Engenharia Civil. Convidou o rapaz para entrar em sua empresa, visto que um dos profissionais dessa área estava se mudando para Portugal, onde iria trabalhar juntamente com a esposa, que era portuguesa.

Luiz Antônio ficou muito feliz com o convite do amigo, pois o filho já estaria empregado antes mesmo de se formar.

A grande alegria de Andréia foi quando, de repente, seus pais entraram pela porta do Fórum com um grande pacote. Ela, com um gritinho de felicidade, correu em direção a eles, lançando-se no pescoço de cada um. Após muitos abraços e apresentações, finalmente chegou o momento de Ronaldo se confrontar com os sogros.

— Então, rapaz? — perguntou Josué. — Você é o famoso Ronaldo por quem minha filha se apaixonou?

— Pelo menos é o que ela diz — respondeu Ronaldo com um sorriso tímido.

— Minha filha casou-se com um sujeito que só a maltratou. Espero que ela não esteja repetindo o erro.

— Eu amo sua filha, senhor Josué. Estou viúvo há muito tempo e se não me casei ainda é porque não havia encontrado uma mulher como Andreia. Ela combina comigo em quase todos os sentidos. É uma mulher culta, inteligente, trabalhadora, e gosta de se envolver com os problemas da casa. Foi muito bem educada por vocês, parabéns.

— Obrigado, rapaz. Espero de todo o coração que você realmente a mereça.

Nisso Lisbeth veio correndo e após beijar os avós, se agarrou na cintura de Ronaldo. Josué observou o gesto com atenção e não pode reprimir um grande sorriso.

— Pelo visto já conquistou a filha também — falou olhando para Maria Lúcia. Esta ficou feliz com o carinho que a menina dispensava para o genro.

— Lisbeth é uma criança reservada, mesmo conosco, seus avós. O que me admira muito é essa afinidade com você, Ronaldo — comentou a mulher.

Andréia se manifestou pela primeira vez:

— Papai e mamãe, Lisbeth adora Ronaldo. Acho que até mais do que gostava do Jairo.

— Isso é muito importante. Pois crianças nunca se enganam quando se trata de dispensar o seu amor para alguém. Elas parecem ter uma espécie de sexto sentido em relação a isso — comentou Maria Lúcia.

— Por que vocês dois não estavam na igreja? — perguntou Andréia?

— Claro que estávamos — respondeu Maria Lúcia. — Só que chegamos tarde e não queríamos interromper. Por isso, ficamos escondidos para nos manifestarmos somente agora.

Josué, antes de se retirar, aproximou-se novamente de Ronaldo e puxando-o para um lado pelo braço, disse:

— Olha, meu genro: aqui está um cheque para ajudar você nas despesas da festa que farão depois de amanhã. Por favor, aceite.

— Senhor Josué, eu não preciso disso. Sou um engenheiro bem-sucedido e sócio de uma pequena firma do ramo. Agradeço, mas não é necessário.

— Por favor, meu filho. Aceite!

Pedido este que foi reforçado por Maria Lúcia que acabava de chegar até eles.

— Isso, Ronaldo. Aceite por favor. Nós gostaríamos muito de ajudar.

— Então vamos fazer o seguinte: o senhor usa esse dinheiro para doar a alguma instituição de caridade, creio que será muito mais útil.

— Está bem, filho. Você quem sabe. Fico feliz com esse seu gesto altruísta — comentou Josué.

— Mudando de assunto: onde os senhores estão hospedados? — perguntou o rapaz.

— Estamos em um hotel próximo ao aeroporto. Amanhã iremos para a casa de Maristela. Pretendemos ficar uma semana em Curitiba e conhecer os pontos turísticos da cidade.

— Pena que meu apartamento é pequeno. Caso contrário seria ótimo se ficássemos todos juntos e eu serviria de guia para os senhores.

— Não se preocupe, Ronaldo. Ana Sílvia já se prontificou para nos guiar. Ah, estaremos na festa de vocês, nesse famoso restaurante.

— Isso é ótimo. Ficaremos muito felizes com suas presenças.

Quando quase todos já tinham ido embora, Edna se aproximou e comentou com o casal de noivos:

— Estava tudo muito bonito. Agora, depois de amanhã, será o meu casamento. Convidem seus amigos e parentes e faremos uma festa das grandes.

— OK, Edna! Faremos isso sim. Obrigada, querida, e até lá. Obrigada também pela sua presença — respondeu Andréia.

Com a saída de todos, Ronaldo precisou chamar um táxi para ajudar a levar os presentes que ganharam dos amigos e que ainda estavam guardados na igreja. Lisbeth já estava dormindo com a cabeça no colo da mãe e foi preciso carregá-la até o carro.

— Não sei onde iremos guardar essa quantidade enorme de presentes. Daria para mobiliar totalmente nossa cozinha — falou Ronaldo, quando já estavam dentro do veículo dele.

— Vamos usar os que precisarmos e doaremos o restante para uma instituição de caridade. Lá eles saberão para quem encaminhar.

— Boa ideia, querida. Pode ajudar muita gente necessitada.

Dali a dois dias foi a vez do casamento de Edna. A igreja estava praticamente lotada de convidados, amigos e parentes. Ela vestia-se luxuosamente, com vestido de noiva que certamente deveria ter saído muito caro. O noivo, também muito bem vestido, usava smoking preto e uma gravata borboleta vermelha. Os noivos estavam acompanhados praticamente por um batalhão de padrinhos. Era um casamento da alta sociedade.

Ronaldo e Andréia ficaram admirados do luxo ostentado pelos pais de Edna, que certamente estavam arcando com todas as despesas.

— Minha nossa — comentou baixinho Andréia no ouvido de Ronaldo. — Imagino como será a festa no restaurante. E o pior é que a metade do valor do jantar será por nossa conta.

— Verdade! — falou ele rindo. — Entramos em uma "fria".

Após a cerimônia religiosa, alguns poucos convidados dirigiram-se ao mesmo fórum onde Ronaldo e Andréia legalizaram perante a lei o seu próprio casamento no civil. Então, todos se encaminharam até o restaurante, o qual já estava com aproximadamente umas duzentas pessoas. Realmente era um casamento de rico.

Os drinques eram uísques envelhecidos, servidos como se fosse água. Já o cardápio, rico em frutos do mar, também constava de comida italiana e muitas variedades de carnes. "Era uma ostentação", pensou Ronaldo. Provavelmente não seria possível consumir toda aquela quantidade de alimentos, embora o número de pessoas fosse bem grande.

Após muitos drinques e vivas aos noivos, foi servido o jantar. Ronaldo e Andréia sentiram-se um pouco deslocados em meio a tanto luxo e ostentação.

Finalmente, quando já eram quase duas horas da madrugada, Ronaldo dirigiu-se até Josué, para poder acertar a sua parte em toda aquela festa.

— O que você está falando, Ronaldo? Acha realmente que eu iria dividir as despesas com você? Nem pense em uma coisa dessas. Devemos a vocês o atendimento que deram à minha filha, quando ocorreu o acidente com ela. Aqui você é um convidado especial. Pode crer.

— Assim fico constrangido, senhor Josué. Afinal tem muitos convidados aqui que também são meus.

— E que importância tem isso? Considere-os como meus convidados também.

— Mas senhor Josué, as despesas desta festa serão muito grandes. Deixe-me ao menos ajudá-lo um pouco.

— Olha, rapaz. Eu sei exatamente o quanto irá custar este jantar. Já está tudo acertado com os proprietários do restaurante. E, além disso, eles irão fazer um grande desconto, visto que pagarei tudo à vista, embora isso não fosse necessário. Portanto, pare de se preocupar e deixe tudo por minha conta. OK?

— Está bem, senhor Josué, Então só me resta agradecer.

— Não seja por isso, Dr. Ronaldo. Apenas lhe peço que não corte o contato entre nossas famílias. Ficarei feliz em ter você e sua esposa como amigos. E sei que Edna também.

— Farei isso, senhor. Agora, se me der licença, iriei pegar o meu pessoal e iremos partir. Afinal, já é madrugada alta — falou rindo. — Boa noite, senhor.

— Boa noite, rapaz.

Antes de sair, Ronaldo tomou Andréia pela mão e dirigiu-se até Edna e o noivo para se despedirem.

— Muito bonita a sua festa, querida — comentou Andréia. — Parabéns mais uma vez.

— O problema, Edna — comentou Ronaldo —, foi o seu pai. Ele não me deixou ajudar em nada nas despesas. Isso foi um tanto constrangedor.

— Ora, Ronaldo. Você realmente acreditava que papai deixaria você participar das despesas?

— Eu realmente contava com isso. Afinal, uma parte dos convidados era minha. Enfim...

— Vamos continuar mantendo uma amizade — comentou Edna. — Não quero que nos afastemos. Vocês são especiais e moram em meu coração.

— Obrigada, querida — falou por sua vez Andréia. — Vocês também. Ficaremos conectados, pode ter certeza disso.

Após os abraços e beijos de praxe, Ronaldo e Andréia afastaram-se, mas não antes de irem até as mesas onde Maristela, a família e seus próprios convidados estavam e avisar-lhes que iriam embora.

Em seguida, Ronaldo tomou Lisbeth no colo, que estava dormindo, e dirigiram-se à saída em direção ao carro, no enorme estacionamento do restaurante.

— Agora, menina, é tocarmos nossa vida em frente, somos uma família daqui em diante, pois ganhei uma esposa e uma nova filha. E você apenas um marido.

— Em parte é verdade, Ronaldo. Mas, por outro lado, ganhei também um amor e um padrasto para minha filha. E ela adora esse padrasto.

—Isso é recíproco, mas vamos levar nossas vidas sem rusgas ou brigas e tentar sermos, um para o outro, companheiros, amigos, confidentes e amantes. E que seja eterno enquanto durar.

— É isso que eu mais desejo, meu querido. Vamos viver como se o amanhã não existisse, apenas o presente.

Então foram recebidos por um vento frio vindo do Sul, o que não era raro na cidade, mesmo sendo dezembro; o céu do amanhecer no horizonte pintou-se de vermelho, lembrando a Ronaldo um ditado popular italiano: "*Rosso al mattina la piova se avvicina*".

TRINTA E DOIS

O ano seguinte se iniciou, e as famílias de Andréia e de Ronaldo passaram o passado Réveillon com os parentes de Edna, seus novos amigos.

Julho também chegou e nos meados desse mês, em um início de noite, quando Ronaldo e Andréia estavam retornando do trabalho de carro, ao passarem em frente do apartamento, ele percebeu um casal com uma criança, parados à frente do prédio. Até aí, nada de novidade; o edifício possuía setenta e oito apartamentos e era normal a todo o momento algum deles receber visitas. Entretanto, o que lhe chamou a atenção foi a figura da mulher que lhe pareceu conhecida, embora a pouca visibilidade do início da noite prejudicasse a identificação.

Mas, olhando mais atentamente, reconheceu a própria filha que morava na Austrália. Imediatamente estacionou e correu em direção a ela, chamando-a pelo nome, enquanto Andréia permanecia no veículo, olhando curiosa para a cena.

— Simone, Simone — gritou ele. — É você mesma, minha filha?

A mulher, virando-se, reconheceu o pai e também correu ao seu encontro. Abraçaram-se efusivamente enquanto o homem e a criança se aproximavam timidamente. Andréia também desceu do carro, trazendo Lisbeth pela mão. Todos se encontraram no meio da calçada e ficaram observando o entusiasmo do reencontro entre pai e filha. Ronaldo ,virando-se para Andréia, disse:

— Esta é minha esposa Andréia e sua filha Lisbeth.

— Ora, pai. Nem fiquei sabendo que você havia casado novamente.

— Pois então. Perdemos totalmente o contato depois que você foi embora. Eu fiquei sem os dados do seu telefone e quem deveria ter me ligado ou enviado mensagens era você. Afinal, nunca mudei meu número.

— Me perdoe, "Papito" — falou ela usando o apelido carinhoso de sempre. — Você sabe que sou meio desligada mesmo. Mas agora resolvi vir visitá-lo e lhe apresentar minha família.

Simone então se dirigiu até Andréia e a abraçou, beijando-a nas faces enquanto era correspondida pela mesma. Em seguida, aproximou-se de Lisbeth erguendo-a do chão e também a beijando com carinho.

Estes são meu marido, Hary Lewis, e meu filho Junior. Não falam português.

Ronaldo estendeu a mão para o homem alto e louro, que aparentava uns trinta e poucos anos, cumprimentando-o enquanto também o abraçava. Em seguida abaixou-se e abraçou o garoto, que deveria ter no máximo cinco anos.

— Meu neto. Nossa, estou ficando velho! — comentou rindo.

Simone traduziu para o marido e o filho o que o pai havia falado.

Após mais alguns minutos, Ronaldo dirigiu-se ao porteiro, e pediu para que permitisse que eles entrassem, dizendo-lhes:

— Me aguardem no térreo que vou guardar o carro, na garagem do subsolo e já entramos.

Após acessar seu veículo, Ronaldo falou para Andréia:

— Vamos ter que deixar o quarto de Lisbeth para eles, e o outro para o Junior. Ela poderá ficar conosco em nossa cama.

Após todos subirem até o apartamento, Andréia dirigiu-se com a filha até o local onde ela dormia e rapidamente pegou suas roupas e as transferiu para o quarto que compartilhava com Ronaldo. Em seguida chamou o casal, mostrou-lhes o local e disse que poderiam trazer suas bagagens, indicando também, para o garoto, o outro quarto ao lado. Depois de todos acomodados, foi até a cozinha, a fim de preparar algo para todos comerem. Entretanto, não sabia o que iria fazer e por isso chamou Patricia, a qual lhe disse que ela, o marido e o filho comiam a mesma alimentação dos brasileiros.

Nesse ínterim, Ronaldo e Harry degustavam um uísque que este último havia trazido como presente para o sogro.

A conversa entre eles não foi nada produtiva, pois dependiam da tradução de Simone.

— Filha, por que você não ensinou um pouco de português para eles?

— Na realidade Harry nunca se interessou, e o Junior ainda está aprendendo a língua natal.

— Mas o seu marido se interessou em vir até o Brasil, não é?

— Pois é. Quando mostrei fotos do Rio de Janeiro, Foz do Iguaçu e Curitiba, ele ficou muito interessado e agora terei que levá-los a esses lugares turísticos antes de voltarmos para a Austrália.

— Em Curitiba, você já se encontra. Agora aos outros lugares terão que se programar; talvez por uma agência de turismo.

Após o jantar, os homens sentaram-se no sofá, enquanto Simone e Andréia colocavam as louças na máquina e limpavam a cozinha. Em seguida todos se reuniram em frente à TV, com as crianças já dando sinais de sono. Como Harry não entendia nada da programação que estavam assistindo, levantou-se e se dirigiu ao quarto levando Junior junto.

— Amanhã, eu iriei ao trabalho e você fica com o carro, e como conhece bem a cidade, poderá levá-los para visitarem os locais turísticos — comentou Ronaldo. — Você nos levará ao trabalho e Lisbeth até a escola e depois ficará com o veículo até à noite.

— E você não irá precisar sair do trabalho, Papito?

— Não! E se precisar posso usar um dos carros da empresa. Andréia pode almoçar em um restaurante nas proximidades do hospital, e eu peço uma marmita. Lisbeth está em uma escola integral onde fornecem refeições normais. Você nos pegará de volta às 18 horas. Pode ser, querida?

— Sim, Papito, se não for atrapalhar a rotina de vocês. Caso contrário podemos alugar um carro em alguma locadora.

— Então está combinado. Provavelmente você não conseguirá ver todos os locais importantes em apenas um dia. Então, depois de amanhã, poderá usar novamente meu veículo.

— Acredito que amanhã mesmo visitaremos todos os locais importantes, e não precisarei novamente do carro.

No dia seguinte, Simone deixou o filho e o esposo no apartamento e foi levar Ronaldo e os demais aos locais que eles precisavam.

À tardinha, como combinado, ela foi buscar o pai, a madrasta e a filha dela.

— Então, menina? Conseguiu ver tudo que queria?

— Sim, Papito. Ópera de Arame, Jardim Botânico, Pedreira Paulo Leminski, Teatro Guaíra, Parque Tanguá e Teatro Paiol. Claro que faltaram os outros teatros, mas já é suficiente.

— Ótimo! Você conseguiu muita coisa em apenas um dia — comentou Ronaldo. — Se quiser, amanhã use novamente o carro.

— Não será necessário. Já está mais do que bom. Vou apenas tentar agendar Foz do Iguaçu com algum agente de turismo. Depois, Rio de Janeiro, a Cidade Maravilhosa.

— Mas não irá fazer isso antes do próximo final de semana, não é?

— Não. Só a partir da próxima segunda-feira. Primeiro iremos a Foz do Iguaçu, às Cataratas, Ciudad del Este no Paraguai e depois do Rio retornaremos direto para a Austrália.

A semana transcorreu normalmente, com visitas a algumas peças de teatro e jantares em Santa Felicidade e outros restaurantes da cidade Também foram almoçar em uma churrascaria estilo gaúcha, o que surpreendeu muito Hary, que, aliás, quase não comeu. Ele não conhecia essa abundância (para não dizer extravagância) de carne. Era professor universitário de Veterinária em uma universidade de Sydney e, provavelmente, tinha algum preconceito com carnes. Por outro lado, Simone trabalhava como secretária de uma juíza de direito e, sendo brasileira, adorava churrascos.

Uma noite, após Hary ter ido dormir com Junior, antes dos demais, Simone contou ao pai e a madrasta uma história acontecida com o marido:

Pai, Hary é paranormal. Ele tem momentos em que demonstra esse dom. Consegue prever muitas coisas conosco, mesmo bem antes de acontecerem. Por exemplo, ele previu que o senhor iria se casar novamente, sem ao menos o conhecer. Uma noite ele me disse:

— Seu pai é viúvo, certo?

— Claro, eu já lhe contei isso.

— Pois então. Ele irá casar-se novamente. Agora no final deste ano.

— Ri muito do que ele me disse. Afinal, não sabíamos nada do senhor, há quase quatro anos. Como ele poderia falar uma coisa dessas?

— Perguntei a ele, como havia chegado a essa conclusão.

— Você sabe que eu sou um pouco paranormal. Tive um sonho que ele se casaria e no ano seguinte nós três iríamos visitá-lo no Brasil.

— Isso ele me falou em outubro ou novembro do ano passado. Não acreditei, lógico, mas não contestei. Afinal, ele já havia previsto outras coisas, como a minha gravidez do Junior, e a morte do irmão dele em um acidente. Então este ano coincidiu de tirarmos férias juntos, e surgiu a ideia de virmos visitá-lo. Foi rápida a decisão. Em uma semana arrumamos os passaportes, as passagens e aqui estamos, Papito.

— Realmente isso é muito estranho, tendo em vista que só planejamos esse casamento cerca de seis ou sete meses antes. Seu marido, realmente é bem estranho, considerando toda essa distância. Mas...

— Pois então, Papito, agora só resta a vocês irem nos visitar na Austrália.

— Quem sabe no próximo ano. Andréia é nova ainda em seu emprego e somente irá tirar férias após completar o tempo legal de serviço. Eu, por outro lado, ando meio sobrecarregado de trabalho na empresa. Estamos com muitas obras e, portanto, isso é outra coisa que nos impediria de viajar.

— Pois então, Papito, eu gostaria que o senhor fosse nos visitar e conhecer a terra dos cangurus. Aliás, é um país totalmente diferente do Brasil em vários aspectos: cultura, língua, religião, turismo, comida, mas não tanto no clima. Por sinal bem parecido, visto que os dois países estão, em sua grande parte, na mesma latitude.

— Acredite, filha, que faremos o possível para irmos logo. Quando as coisas aqui se resolverem, programaremos nossa viagem. Tenha certeza disso.

Dali alguns dias Simone e a família partiram para Foz do Iguaçu e depois para o Rio de Janeiro, mas não sem antes passarem por Curitiba, para as despedidas. Estas foram emocionantes, tendo em vista a distância que iria separá-los. Nesse ínterim, Hary havia aprendido umas trinta ou quarenta palavras de Português e os dois homens conseguiam manter certa conversação pontilhada de gestos e interferências de Simone.

Tomaram o avião para o Rio de Janeiro, em uma sexta-feira, no final do mês. Simone agarrou-se ao pescoço do pai e chorou copiosamente, o que não havia acontecido quando de sua primeira partida para a Austrália. As duas mulheres também se despediram com muita emoção.

— Andréia, cuide de meu Papito. E o senhor também cuide dela.

— Certamente, querida. Eu amo esse homem e o escolhi para vivermos juntos até o final de nossas vidas.

Lisbeth foi muito abraçada e beijada por Simone, o que causou uma espécie de ciúmes em Junior. Entretanto, Andréia fez o mesmo com ele, causando risos entre os demais. Finalmente eles embarcaram e o avião decolou, a saudade então subsistiu.

EPÍLOGO

A vida seguiu seu rumo e a novidade foi o ingresso de Ana Sílvia no seu almejado curso de Arquitetura, em uma das universidades públicas da cidade. Por outro lado, Lisbeth adentrava ao último ano do ensino fundamental e era agora uma adolescente bonita e vaidosa, embora humilde e educada, tornava-se cada vez mais ligada a Ronaldo no sentido paternal, o que deixava Andréia muito feliz.

Foi no último verão que os pais de Andréia resolveram mudar-se para Curitiba. Isso, obviamente, deixou muito feliz as duas irmãs e as netas. As famílias agora próximas se reuniam todos os finais de semana em casas diferentes, inclusive com os pais de Edna, que agora eram grandes amigos. Enfim, um grande e poderoso grupo de amigos.

O ano de 2018 foi atípico em muitas coisas: Gilberto sofreu um infarto fulminante durante uma viagem de volta do litoral, sendo encontrado morto ao lado de seu carro no acostamento da rodovia. O impacto sobre a família e os amigos foi desastroso. Maristela e Ana Sílvia entraram em uma depressão profunda, necessitando serem internadas depois do funeral. Após a recuperação de ambas, os negócios do supermercado precisavam continuar e, como nenhuma delas tinha qualquer conhecimento do assunto, tiveram que ser assessoradas por um dos funcionários mais experientes e de confiança. Isso, no início, atrapalhou os estudos de arquitetura de Ana Sílvia, mas sua mãe logo assumiu tudo e a moça pôde continuar a faculdade.

E assim a vida continua. Sempre uma incógnita sempre um mistério para o futuro. Somente o passado volta de forma implacável no presente. Vivemos sem realmente saber o sentido da vida. Apenas se reproduzir para perpetuar a espécie? Ou algo mais o Criador Supremo do Universo nos reservou para esta ou a outra existência, se houver?

Enfim, como diz o dito popular: é pagar para ver.